新版

授業づくりの教科書

理科実験の教科書 3年

宮内主斗
平松大樹[編著]

さくら社

はじめに

　この本は、好評をいただいた『理科実験の教科書』を 2020 年度から実施の新学習指導要領に対応してバージョンアップしたものです。

　初版発行時には、日本初のフルカラーの教育書と言われました。実験の仕方がとてもわかりやすいと評判でした。それだけでなく、数々の工夫された実験が掲載され、教科書の実験の代わりに取り組んでくれた先生方が、たくさんいらっしゃいました。

　その発行から 8 年が過ぎ、学習指導要領も変わりました。

　私たちも、提案した実験を少しずつ改良してきました。よりわかりやすく、より成功率を高め、より楽しく、そしてより簡単にできることも考えました。

　その結果、一つのねらいに対して、複数の実験が開発されてきました。甲乙つけがたいものがたくさんあったのです。

　そこで、今回の本は、その複数の実験を一つに絞るようなことをせず、読者の皆さんに選んでいただく方針にしました。

　どうか、予備実験をする際、教科書の実験と本書の実験を見比べながら、どの実験をするかお考えください。

　ぜひ、本書の実験を、子どもたちと一緒に楽しんでください。予備実験をしながら写真を撮って原稿を書いていますので、再現率は高いと思います。

　実は、水を凍らせる実験はうまくいかなくて、トライ＆エラーを繰り返し、4 日くらいかけてやっと原稿にできるレベルの実験になりました。他にも、執筆者同士で追試実験をし、アイディアを出し合い、実験を改良していったものがたくさんあります。インターネットを介して全国から集まった本書の執筆者は、私の誇る研究集団です。

　普段の授業で本書が活用され、子どもたちが喜んで取り組み、「なるほど、わかった！」という声が上がることになれば、執筆者としてこれほど嬉しいことはありません。

　なお、この本の実験を動画でご覧に入れるオンライン講座を開催予定です。

パスワードは、「rika2020sakura」です。詳しくは、執筆者代表のサイトでご確認ください。

https://sites.google.com/view/miyauti

　2020 年 7 月　　　　　　　　　執筆者代表　宮内主斗

CONTENTS 新版 理科実験の教科書〈3年〉

1章 自然観察

2章 身の周りの昆虫

3章 植物

アブラナの蜜や花粉をなめる、シマハナアブのめす。ミツバチに似ていますが、羽が2枚で触角は短く複眼が大きいなどハエに近い仲間です。

1章 ……………………………… 自然観察

◉ これだけは押さえたい

▶ 生き物によって、色・形・大きさなどに違うところ（多様性）と似ているところ（共通性）があること。

▶ また、それらの特徴は、周りの環境や生活の仕方と関係があること。

▶ 観察、記録、スケッチの方法。

◉ 指導のポイント

▶ ただ漠然と「生き物を観察しよう」ではなく、具体的に「色・形・大きさに目を向けて」とか、「細かいところは虫眼鏡で」などと指示します。そして見つけた「発見」には大げさなくらい驚き、大いにほめましょう。

▶ スケッチは、大きく描かせましょう。スケッチすることでしっかり観察し、特徴をつかむことができます。

▶ 正確な名前にこだわらず、わからないなら「こういう特徴がある、仮名○○」と仮の名前をつけさせます。

▶ 必ず下見をし、五感を活用して（ただし、味覚に関しては慎重に）観察させましょう。

1 生き物を観察する前に

楽しく実り多い活動にするためにも下見をし、
服装や交通安全にも十分配慮しましょう。

ポイント	準備するもの
◉**安全は服装から。** ◉**時間帯や時期を考えます。** ◉**下見をしましょう。**	◎観察記録カード◎虫眼鏡◎クリップボード◎筆記用具等

1. 安全は服装から。

帽子　　虫眼鏡

長袖
シャツ

観察記録
カード

長ズボン

長袖シャツに長ズボン、くるぶしまで隠れるくつしたで、肌を露出しないのが服装の基本です。帽子も忘れずに。

2. 捕まえると体のつくりはよくわかりますが（左）、生活の様子（右：アキグミの蜜を吸うアオスジアゲハ）はわかりません。

3. バッタなどは羽のつけ根付近の胸を親指と人差し指で挟んで持ちます（クビキリギス）。

◆観察する時の服装

　紫外線を避け、かぶれや虫刺され、植物のトゲによるケガを防ぐためにも、長袖シャツと長ズボン、帽子とくるぶしまで隠れるくつしたが望ましいですが、観察場所の環境や天候も考え、臨機応変に対応してください。その他、夏なら水筒、冬なら手袋。担任の先生は、救急セットや虫除け、虫刺され薬等も準備しましょう。

◆むやみに捕まえたり、採ったりしません

　自然の観察ですから、なるべくストレスを与えずに、ありのままを観察したいものです。花や葉は、ちぎってしまうと次第にしおれてきます。昆虫や小動物も細部を観察したい時は捕獲

8

4. 日なたぼっこして、体を温めるカナヘビ。

5. 朝早く開き（左）、夕方までにしぼんでしまう（右）トロロアオイ（花オクラ）の花。

6. 触るとかぶれる、ツタウルシ。

7. 毛虫は見るだけにし、触りません。

8. カエル等を触ったら、手を洗います。

した方がわかりやすいですが、どこで何をしているかなど生活の様子を知りたい時は、少し離れてそっと観察するのがよいでしょう。また、バッタなどを持つ時は足を持たず、親指と人差し指で胸部を挟んで持ちます。石や落ち葉などを動かしたら、必ず元に戻しておきましょう。

◆時間帯や時期を 考えます

　昆虫や両生類、は虫類は、体が温まらないと活動を始めません。また植物も、時間や天候によって花を閉じてしまうものもあります。そうした姿を見せるのも重要ですが、多くの生き物を見せたいなら、季節や地域にもよりますが、晴れた日の3〜5校時目くらいがおすすめです。

やってはいけない

　下見をせずに、観察の授業をしてはいけません。見られそうな生き物だけでなく、ウルシやハチの巣、毛虫など危険な動植物の確認をし、養護教諭や管理職と相談して、事故時の対応、アレルギーの有無など確認しましょう。

2 虫眼鏡の使い方

虫眼鏡を使えば物が大きく見えることに気付き、細かいところまで観察する意欲も生まれるように声かけをしましょう。

時間
1単位
時間

ポイント

◉まず虫眼鏡に親しませ、使い方も習得させましょう。そして野外で、児童と共に肉眼を超えた世界を探りましょう。

準備するもの

◎観察記録カード◎クリップボード◎筆記用具◎虫眼鏡◎教科書◎種子や昆虫標本等

---

1. 虫眼鏡に親しみ、使い方も練習します。

①机に置いたカラー印刷の写真を拡大して見ます（手で持てない物として練習）。

「写真は、色のついた点の集まりです。」

②"ひっつき虫"を手に、なぜつくのか考えます（手で持てる物での練習）。

「オオオナモミの実は、フックでつきます。」

◆虫眼鏡に親しむ（15分）

　事前に教室で教科書の写真や文字、種子や昆虫標本などを虫眼鏡で観察し、慣れ親しませると共に使い方の練習もします。

◆野外で使いこなす（20分）

①木肌や幹についた卵など、手で持てないものや動かせないものを観察する時は、見る物の近くで虫眼鏡を前後に動かし、はっきり見えるところで止めます。さらに、必要なら顔を近づけます。

②拾った木の実や植物の葉や葉等、手で持てる物や手元に引き寄せられる物を観察する時は、虫眼鏡を目の近くに持ち、見る物を前後に動かしてはっきり見えるところで止めます。

2. そして、野外で使いこなします。

・幹に固まるヘラクヌ
ギカメムシの幼虫の
観察（手で持てない
物）。

・シロツメクサとアカツメクサ（ムラサキツメク
サ）の葉（手で持てる物）。

「シロツメクサの葉は、縁にギザギザがあります。
アカツメクサには、毛があります。」

・シロツメクサの花の観察（1本摘んで手で持って
観察した方が楽ですが、見ながらスケッチする
なら持たない方が描きやすい場合もあります）。

「色も大きさも違いますが、カラスノエンドウや
ラッカセイの花と同じ形です。」
→どれもみんな、豆（マメ科）の仲間。

◆見た物、気付いたこと の発表（5分）

発表者をほめます。特に肉眼
ではわかりにくいことについて
の発表は、高く評価します。

◆まとめ（5分）

学習したこと、印象に残った
ことをノートにまとめます。

虫眼鏡の魅力は野外でも手軽
に大きく見えることですが、肉
眼でわかりにくい細部まで確認
できることでもあります。ほん
の数倍ですが、「色・形・大きさ・
数」など具体的にポイントを絞
って、レンズを通してたくさん
の情報を読み取り、楽しめるよ
うにしましょう。

やってはいけない

目を傷めるので、絶対に太陽を見てはいけません。
火災の危険もあるので、太陽の光を集めてはいけません。
転んだりぶつかったりするので、覗きながら歩きません。
レンズが傷つくので、汚れてもこすらず、水洗いして柔らかい布で拭きます。

3 自然観察の目のつけ所

生き物の色、形、大きさに着目し、五感をフルに使って観察させましょう。また、体のつくりと生活を結びつけて考えさせましょう。

時間
1単位
時間

ポイント	準備するもの
●体の特徴に着目し、さらに植物は全体の形と生育環境、昆虫なら口や足、羽と生活との関係を考えさせます。 ●花の匂いや鳥の声、木肌の感触など、五感を活用して（ただし、味覚に関しては慎重に）観察させます。	◎観察記録カード◎クリップボード◎筆記用具◎デジタルカメラ◎荷札等

例1.「シロツメクサが咲いているよ。」

　どんな形？→低く固まり、長くつながっています。三つ葉で、時々四つ葉もあります。小さな白い花（「豆の花」の形）がたくさん丸く集まり、下から順に咲きます。

　生えている場所は？→グランドの、よく踏まれたり草刈りされたりするところ。

　その他、気がついたことは？→花はバナナみたいないい匂いで、ミツバチ（セイヨウミツバチ）やチョウが蜜を吸いに来ます。

◆導入（5分）

・「生き物の姿（色・形・大きさ・匂い・手触り・鳴き声等）を観察しよう」「動物のすみかをしらべよう（どこで何をしていたか）」など、課題提示をします。

・タンポポとその生育環境、葉を食べる幼虫など、下見で確認した「見せたい物」を始めに全員で観察してからグループ観察に移すと効果的です。

◆観察（30分）

・安全面や集合場所・時間等の確認をし、観察開始。

・初めての観察。子どもたちは生き物を見つけると、担任や友だちに「○○がいたよ」などと見せたがるでしょう。す

例2.「チョウが蜜を吸っているよ。」

　どんな口？→ストローみたいに細長く、使わない時は巻いています（カタバミの蜜を吸うモンシロチョウ）。

例3.「カメムシがいたよ。」

　どんな口？→針みたいで葉に刺します（クサギの葉の汁を吸う、クサギカメムシ）。

例4.「イナゴがいたよ。」

　どんな口？→大きなアゴで、葉をかじります（コバネイナゴ）。

かさず「先生にも見せて」「すごいね。面白いのを見つけたね」等とほめて関心を示しましょう（数回の観察で、全員が1度はほめられるよう名簿にチェックします）。

・写真を撮り、名前がわからない時には荷札等で印をつけ、その後の変化を追えるようにしましょう。

◆見つけた生き物、気付いたことの発表（5分）

　見つけた生き物の特徴等を発表してもらいましょう。発表者をほめることも忘れずに。

◆まとめ（5分）

　学習したこと、印象に残ったことをノートにまとめます。

※3年生になって理科が始まり、初めて本格的な観察に取り組みます。先生自身も観察を楽しみ、たくさんほめてじっくり観察させ、生き物大好きな子に育てましょう。

やってはいけない

　正確な名前に、こだわる必要はありません。わからないなら「こういう特徴がある、仮名○○」と仮の名前をつけさせてしまいましょう。特徴が書いてあれば、後で正確な名前がわかることがあります。事前に、見られそうな生き物、危険な生き物など下見をし、対策を立てましょう。

COLUMN

生き物の名前

「生き物の名前がわからなければ、仮の名前をつけさせてしまいましょう」と書きましたが、中には戸惑ってしまう子もいるでしょう。

例えば秋に黄色い花が咲くセイタカアワダチソウは御存知の方が多いと思いますが、その名の由来は？ 草丈が高くなるので「セイタカ（背高）」はすぐわかりますが、「アワダチ」って？ それは、秋の終わりになるとわかります。果実の固まりが綿毛でふわふわと、まるで泡を立てたように見えるから「アワダチソウ（泡立草）」なのです。名付けた人は、賑やかな黄色の花よりも冬にかけてのふわふわ、もこもこした綿毛のある果実に目を引かれたのかもしれませんね。

茎には、赤いアブラムシがついていることもあります。虫眼鏡で観察すると触角がとても長く、「セイタカアワダチソウヒゲナガアブラムシ（背高泡立草髭長油虫）」と名付けられました。セイタカアワダチソウと同じく、北米原産の帰化生物です。

ちなみに、それを食べているのは星7つの「ナナホシテントウ（七星天道）」。

本当の名前でも、このように特徴からつけられたものが多いのです。見たままの特徴を、そのまま仮名にしてしまいましょう。特徴がわかれば、後で正確な名前がわかることもあります。もちろん悪ふざけでつけてはいけませんが、私たちもあまり身構えず、観察と共に名づけも楽しみましょう。そして子どもたちのつけた仮名に共感を示し、生き物大好きな子に育てましょう。

校庭や公園等では、チョウやバッタ等のいろいろな昆虫に出会えます。つかまえるだけでなく、じっと観察することでわかることもあります。

2章 ·········· 身の周りの昆虫

◉これだけは押さえたい

▶昆虫を含めた生物には、多様性があること。

▶昆虫を含めた生物は、周りの環境との関わりの中で生きていること。

▶昆虫の育ち方には、決まった順序があること。

▶昆虫の体は、決まったつくりをしていること。

◉指導のポイント

▶昆虫の学習をする時に欠かせないのは、なんといっても飼育です。子どもたちがじっくりと何度でも観察できる環境をつくり、体がダイナミックに変化していく様子を見せることが大切です。

▶1つの昆虫を丁寧に観察することで、他の昆虫との共通点や違いを考えることができます。

▶共通点は、育ち方の順序や体のつくりです。姿形が違う昆虫でも、共通点があることに気付かせましょう。

▶違う点は、周りの環境や食べ物です。何種類かの飼育ができれば、飼育環境やエサの用意をする中で、違いに気付いていくことでしょう。

▶虫が苦手な先生も、ここでは演技をして「かわいいね」「すごいね」と声をかけながら飼育しましょう。

4 モンシロチョウの卵を とるには

無農薬のキャベツ畑をつくって、産卵～飼育に使いましょう。

ポイント	準備するもの
◉学校に、無農薬のキャベツ畑をつくり、卵を産んでもらいましょう。そして、**幼虫からではなく、卵からの飼育を行いましょう。** ◉アオムシのエサにも、無農薬のキャベツが必要になります。**多めに育てておくとよいでしょう。**	◎キャベツ

キャベツを育てる
・タネから育てるのが難しい場合は、春に苗が販売されますので、苗から育てましょう。
・植える畑が足りない場合は、大きめの鉢に植えてもかまいません。写真は百円ショップの鉢です。鉢に植えた場合、鉢ごと教室に持ち込んで観察することもできます。結球させる必要はないので、雑に育てても大丈夫です。

◆卵の見つけ方・とり方

　風がおだやかで晴れた日や、その翌日を狙って、卵を探すと見つかりやすいでしょう。モンシロチョウは春のイメージがありますが、春から秋まで飛んでいます。ですから、春以外でも卵をとることができます。

　卵は、葉の表だけではなく裏にも産みつけられます。見つけづらい場所のこともあるので、気をつけてください。

このように、大きめの鉢に植えるだけでも十分です。

16

　採取した卵は、キャベツの葉ごと濡れたティッシュを入れた容器（詳しくは次項**5**参照）に入れます。一匹ずつ飼育したい場合でも、複数入れてかまいません。分ける作業で卵が落ちることがあるので、ふ化後に分けた方が安全です。

　キャベツの葉は、卵が観察しやすい向きに入れます。こまめに観察していると、ふ化の瞬間を見ることができるかもしれません。映像教材で見せることが多いシーンでしょうが、実際に見ることができればより印象に残ります。

　卵に手が触れると、卵が落ちてしまいます。卵を触ってはいけません。強く揺らしたときに落ちてしまうこともあるので、はさみを使って葉ごと切り取ってください。

　卵は、産みつけられた時には明るい黄色で、徐々に濃いオレンジ色になっていきます。産卵から1週間程度で、ふ化します。

　できるだけ、幼虫ではなく卵を見つけて採取します。幼虫で採取すると、アオムシサムライコマユバチが寄生している可能性があります。寄生され、アオムシの中から小さな幼虫が出てくる姿も学習にはなります。しかし、子どもたちはよい印象をもたないでしょう。まずは無事に羽化する姿を見せることが目標です。

やってはいけない

■春にキャベツの種をまくこと
　タネから育てる場合、前年度に蒔かないと間に合いません。毎年必要なので、計画を立てて準備をしましょう。

モンシロチョウの
卵〜幼虫（アオムシ）の飼育

百円ショップで手に入るプリンカップでコンパクトに飼育できます。

ポイント	準備するもの
◉こまめに観察して、ふ化・脱皮・蛹化の瞬間を目撃しましょう！	◎ふたつきプリンカップ（200mL程度）◎ティッシュペーパー◎千枚通し◎無農薬のキャベツ◎チャックつきビニール袋

○卵〜幼虫（アオムシ）の飼育ケースは、ふたつきプリンカップが便利です。積み重ねると、少ないスペースでたくさん飼育することができます。

つくり方と飼育方法

※プリンカップの200mL程度というのは、アオムシ1匹が十分に飼育できるサイズです。このサイズでも、2〜3匹の飼育は可能です。
①カップのふたと、カップ側面の上の方には、通気のために千枚通し等で穴をあけます。
②ティッシュペーパーを水で濡らし、軽く絞って滴らない程度にします。
③カップに濡らしたティッシュを敷いて、ちぎったキャベツを載せたら準備完了です。卵やアオムシを入れましょう。卵もアオムシも、手で触らないようにしましょう。

◆日常的に観察できるように

「幼虫（アオムシ）は、どのように成長してチョウになるのだろうか」

授業での観察も大切ですが、日頃から頻繁に観察すると発見があります。休み時間などにも自由に観察させましょう。エサを食べたり糞をする様子だけではなく、ふ化や脱皮、蛹化の瞬間を見ることができるかもしれません。

成長とともに、食べる量も増え、糞も大きくなります。この関係に気付く子がいたら、大いにほめましょう。

管理を適切に行っても、何らかの理由で死ぬ個体もあります。個人や班ごとに飼育させる

○エサのキャベツは、チャックつきビニール袋に濡らしたティッシュと一緒に入れておくと、数日間は鮮度を保つことができます。冷蔵庫が使えるとなおよいです。

水で濡らしたティッシュ

④エサや水は、必要に応じて足します。

⑤糞が目立ったり、カビが生えたりしてきたら、カップを変えます。別のケースに濡れティッシュとキャベツを用意し、アオムシがついている葉ごと引っ越しします。この時も、できるだけアオムシに触らないようにしてください。

⑥空いたカップは、洗って干します。次回は、こちらに引っ越しします。

⑦動きが止まったり、少し縮んだように見えたら、さなぎになる準備段階（前蛹）かもしれません。背中に糸（帯糸）がかかっているようであれば、間違えないでしょう。

⑧さなぎになったら、3〜4日程度はできるだけ動かさず静かにしておきます。すぐに動かすと、さなぎのまま死んでしまうことがあります。

場合は、予備も飼育しておきましょう。

　アオムシから育てた場合は、アオムシサムライコマユバチなどが寄生している場合があります。悲しい結果になっても、それを学習に生かしましょう。たくさんの卵から、成虫になることができるのは、ほんのわずかなのです。

蛹化前日の様子。動きが止まり縮んだように見えます

前蛹

帯糸

やってはいけない

STOP

　アオムシは手で触らないようにします。アオムシにとって、人間の体温は高温です。触れられることは迷惑です。また、脱皮などの妨げになり、死につながる場合もあります。

6 モンシロチョウの さなぎ～成虫の飼育

プラスチックケースを縦置きにして、高さのある空間をつくりましょう。
こまめに観察して、羽化の瞬間を待ちましょう！

ポイント	準備するもの
●アオムシがさなぎになったら、大きなケースに移しましょう。成虫には、広い空間が必要です。	◎飼育用プラケース（中サイズ以上）◎段ボール◎ガムテープ◎がびょう◎はさみ◎ふせん紙

【手順】

①さなぎになっても、以下の作業をすぐに行ってはいけません。2～3日程度はできるだけ動かさず静かにしておきます。すぐに動かすと、さなぎのまま死んでしまうことがあります。

②できるだけ高さを確保するために、写真のように飼育ケースの向きを変えて置きます。ふたを横に持ってくることで、横からケースに手を入れられるのも、利点です。

③ケースの内側に合うように段ボールを切り、ガムテープで貼り付けます。

④さなぎのついたキャベツやプリンカップをはさみで大きめに切り、頭が上になるように、がびょうで段ボールに貼りつけます。モンシロチョウは、羽化後に上に登るので、さなぎは下の方に貼りつけます。

◆段ボールでチョウの 足場を

　段ボールを貼ることで、さなぎを貼りつける場所をつくっています。また、段ボールが羽化時のチョウの足場にもなります。

　段ボールが滑りすぎるように思える時には、ざらざらした紙を1枚貼るとよいです。

⑤さなぎが落ちてしまった場合は、紙を巻いて小さなカップをつくってさなぎを入れます。

⑥さなぎになってから、1週間〜10日程度で羽化します。羽化が近づくと、羽の模様が透けて見えてきます。

小さなカップをふせん紙に貼り、ふせん紙を段ボールに貼っています

羽化前日のさなぎの様子。羽の模様がはっきり見えます

○ほぼ動かないさなぎが「生きている」ことを確かめるためには、毎日観察して変化を確かめるとよいでしょう。まれに動くことがあります。動いているところを観察できたら、ラッキーです。

⑦羽化は、早朝に行われることが多いようです。羽化のあと、成虫が茶色い液を出します。これは、羽を伸ばすために使った体液の残りです。

⑧成虫を飼い続けることは困難です。羽化したら、砂糖水（5％）かスポーツドリンクを綿に染みこませて与え、数日間観察する程度にとどめます。その後は、子どもたちと一緒にお別れを言って、外に逃がしてあげましょう。

砂糖水をしめらせた綿に成虫を載せると、口を伸ばして飲む様子が観察できます

やってはいけない ✋ STOP

子どもたちは、さなぎが生きているかどうかを確かめたくなります。しかし、さなぎは基本的には動かないものです。生きているかを確かめるためにつついたりしてはいけません。毎日の観察で、生きていることを確かめましょう。

アゲハを育てよう

アゲハはモンシロチョウより大きいので、インパクトが大きいです。
エサの確保をして取り組んでみてください。

ポイント	準備するもの
◉アゲハを呼ぶための植物を確保します。 ◉虫かごを縦にして飼います。	◎虫かご◎空き缶◎脱脂綿◎はさみ

ニンジンの葉を食べるキアゲハの幼虫。

ユズの葉を食べて育つアゲハの幼虫。
種類によってエサが違います。学校に柑橘類がなければ、キアゲハを育てましょう。

◆柑橘類の木かニンジンをエサに

アゲハは大きい分、エサも大量に必要です。エサとなる植物の確保が、重要です。

柑橘類の木があれば、その木の枝を切りながらアゲハ（ナミアゲハ）を育てることを職員室で確認しておきます。

柑橘類の木がなければ、アゲハは育てられません。その時は、ニンジンを育てておきます。ニンジンのようなセリの仲間には、キアゲハが卵を産みます。

ニンジンは、前年度の2月半ばから4月初め頃がまき時です。1袋の種をまいておきます。

柑橘類の木やニンジンの近くを成虫が飛ぶようになったら、卵が見つかります。直径1〜2

エサやりと羽化の成功のために、虫かごは立てた状態で飼います。

さなぎになれば、エサやり不要。写真はアゲハ。そこで羽化して羽が伸びるような高さなら、安心して成虫になるのを待ちましょう（低い位置にさなぎがあったら、小さなカップをつくって移動。前項 **6** 参照）。

羽化したアゲハです。羽が伸びきるまで３時間程、触らずに待ちましょう。

mmの球形の卵です。米粒の形のモンシロチョウとは違います。卵から育てると、寄生虫にやられている心配がほとんどないので、安心して育てられます。

エサやりが大切です。柑橘類の葉がついた枝ごと与えます（キアゲハにはニンジンの葉）。

枝を児童のはさみで切り取ってきます。その枝を水を入れた空き缶等に刺します。飲み口に幼虫が落ちるのを防ぐために、脱脂綿でふたをします。枝ごと虫かごに入れるので、立てないと入りません。虫かごが縦になっていると、長い枝を入れやすいです。

◆エサの替え時

黒い小さな幼虫のうちは、葉を食べ尽くされる前に、葉がしおれることがあります。その時が替え時です。大きくなってくると、葉がしおれる前に食べ尽くしてしまいます。葉がなくなってきたら、替え時です。

やってはいけない

エサやり以外にふたを開けてはいけません。特にさなぎになる前には激しく移動をします。ふたが開いていると逃げ出してしまいます。

8 ヤゴの育て方

子どもたちが大好きなトンボ。その幼虫ヤゴを育ててみましょう。飼育の難度は高めですが、うまくトンボになってくれた時の喜びは大きいものです。

ポイント	準備するもの
◉生きたエサの用意。ミジンコを増やしておく、水中の落ち葉も採ってくる…など。 ◉羽化が近づいたら、水槽を斜めにしておぼれないようにします。	◎飼育ケース◎生きたエサ◎登り棒

トンボの羽化はセミの羽化と同様に神秘的です。

◆ヤゴは肉食

ヤゴ、トンボは、肉食です。基本的に生きたエサしか食べません。どうもうで、動くものは捕まえて食べようとします。そのため、何匹もケースに入れておくと共食いをして、最強の1匹だけが残ることになります。できるだけ小分けして飼うようにします。

生まれたばかりのアキアカネのヤゴ。ミジンコサイズなので顕微鏡で撮影しました。
秋にトンボのおなかから出てきた卵を紙コップの水に入れていたら孵りました。

1 エサ

エサは、ヤゴの大きさによって変わります。秋に生まれてからしばらくは、ミジンコ等を食べます。

春になってある程度の大きさに育ったら、小さいオタマジャクシ、赤虫、イトミミズなどを食べます。

ミジンコ水槽でミジンコを食べて大きくなってきたヒメリスアカネのヤゴ。アカネ属のヤゴはずんぐりしています。

落ち葉から出てきたヒルに飛びつこうとするルリボシヤンマのヤゴ。ヤンマ科のヤゴはスマートです。

ケースの下に台を入れて、斜面をつくります（この方法は、オタマジャクシからカエルになる時にも有効です）。

【種類に注意】
　アキアカネ（アカネ属）などは、1年で成虫になってくれますが、オニヤンマ（ヤンマ科）などは、成虫になるまで数年かかります。成長の様子を調べるなら、観察しやすいアキアカネなどのヤゴを育てるようにしましょう。

　活きのいいエサを準備できるかどうかが、飼育のポイントになります。
　ヤゴだけを捕ってこないで、水中の落ち葉なども一緒に入れておくと、そこの生き物を食べて大きくなります。

2　水
　羽化が近づくと、空気呼吸をするようになるので、ヤゴが好きな深さを選べるようにします。砂で坂をつくって陸地にするのもいいですが、水槽の下に台を入れて、水槽自体を傾けることで陸地をつくる方法もあります。

3　登り棒
　割り箸を3本輪ゴムで束ねて三脚をつくり、陸地に置いておくと、それに登って羽化します。

やってはいけない

STOP

　トンボの成虫は、飼うのが非常に困難で、一般の人には手に余ります。水を与えないと、一晩で死んでしまいます。
　成虫になったなら、無理に飼おうとはせず、放してやりましょう。

9 コオロギ・バッタの育て方

コオロギやバッタは、不完全変態の昆虫として親しみ深いものです。
飼育も難しくありませんので、挑戦してみましょう。

ポイント	準備するもの
◉スズムシの飼育キットを利用します。	◎飼育ケース◎水と入れ物◎エサと入れ物◎土◎隠れ家◎つまようじ◎脱脂綿

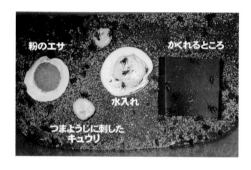

粉のエサ　かくれるところ　水入れ　つまようじに刺したキュウリ

　これだけで、元気に育ちます。コオロギの飼育は簡単なのでおすすめです。

　秋になれば、いい声で鳴いてくれます。

　スズムシほどうるさくないので教室に置いても邪魔にならず、おすすめです。

○市販のエサが手軽です。カビが生えないように気をつけましょう。ナスやキュウリをつまようじに刺すのも、土についてカビないようにするためです。カビは大敵です。

◆コオロギ・スズムシの飼育

1 エサ

　エサは、スズムシのエサを買ってきて与えるのが一番簡単です。動物質の物も入っています。また、ナスやキュウリの輪切りをつまようじに刺して土につかないように立てておきます。

2 水

　水は、脱脂綿やティッシュペーパーを濡らして、入れ物に入れて置きます。

3 土

　卵を産ませるなら、土は3cmくらいの深さで入れます。土は霧吹きで湿らせるようにします。市販のスズムシ用の土が便

○水分は大切です。絶対に切らさないようにしましょう。しかし、水をそのまま入れると、小さい時にはおぼれて死んでしまいます。

【卵を産んだら】
卵は、このくらいの深さに産みます。土には湿り気が必要です。

秋に卵を産みつけたなら、成虫の死骸などは、きれいに掃除した後に、水で土を湿らせて、ケースにラップをかけます。

冬越しのケースは、できるだけ寒い部屋に置いてください。途中で土が乾燥しても、春まで放置してかまいません。

【春になったら】
暖かくなって外で虫たちが見られるようになったころに、土に水分を与えてください。気長に待っていると、アリよりも小さな幼虫が孵ってくるかもしれません。黒くて小さいので、見つけにくいものです。孵っていないかじっくりと観察させるようにします。

利です。

◆バッタ・キリギリスの飼育

基本的にはコオロギと同じですが、エサは新鮮な草を、毎日取り換えるようにします。しおれると食べません。

バッタによって食べる草が違いますので、ネットなどで検索してみましょう。また、鰹節などの動物質のエサも必ず入れるようにしてください。

やってはいけない STOP

・バッタの仲間をつかまえる時は、胸の部分を指で挟むように持ちます。後ろ足をつかまえると、足がとれてしまうことがあります。キリギリス等は、下手につかまえると、指を激しくかまれることがあります。子どもには不用意に手を出さないように気をつけさせます。
・冬越しのケースを暖かいところに置いてはいけません。カビが生えて全滅したり、真冬に孵ったりしてしまいます。

昆虫の頭、胸、腹
（模型づくり）

粘土で模型をつくることで、モンシロチョウの体のつくりを
学ぶことができます。

時間
2単位
時間

ポイント	準備するもの

●体のつくりを本物や教科書や図鑑を使って、
　よく調べさせましょう。
●どのパーツがいくつつくかを考えさせます。
●頭・胸・腹や足や羽などのつき方に注意させ
　ます。
●友だちと確かめたり、やり直したりすること
　を楽しみながら作製させます。

◎油粘土◎画用紙◎モール
※粘土は、頭・胸・腹の３つの
　塊を用意します。
※モールは、触覚（２）、口（１）、
　足（６）の数だけ準備します。
　できれば色を変える方がわか
　りやすいです。
※画用紙は羽（４）の数と同じ
　枚数をそろえます。

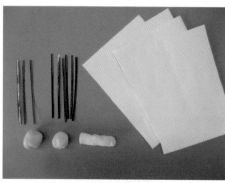

◆授業の展開

①モンシロチョウの体のつくり
　を確認します。
②どのパーツがいくつつくのか
　を考えさせ、話し合わせます。
③モンシロチョウの模型をつく
　ります。
④できたら、色鉛筆で色を塗り
　ます。
⑤みんなで模型を見せ合い、出
　来栄えを確認します。

◆模型をつくりながら
　次の内容を確認

○モンシロチョウの体は頭・胸・
　腹の３つに分かれています。
○胸に足が６本と羽が４枚つい
　ています。

　モールを丸めて口にしたり、曲げをつくって足にしたりするなど、実物や教科書の写真を参考にしながら取りつけます。特に足がどこについているかをよく観察させます。腹に足がついていたり、胸の脇部分からついていたりする児童には、再度確認させます。

　羽も４枚がどこについていて、どのような重なりになっているかをじっくり観察させる必要があります。

　節などは、とがった物で線を入れるなど工夫させます。

　体のパーツの組み合わせが終わったら、羽に模様を描いたりして、リアリティーを追究させるのも面白いです。

○頭には、目と触角がついています。

○口は丸まっていて、花の蜜を吸う時はストローのようにのびます。

○足は、花に止まりやすいように曲げることができます。

○節があって腹を曲げることができます。

○モンシロチョウのように、体が３つに分かれ、足が６本あるものを「昆虫」と言います。

2 身の周りの昆虫

やってはいけない

■紙粘土を使うこと
　紙粘土など、時間が経つと乾燥して固まるような粘土は使用を避けます。硬く固まると、修正がきかなくなります。固まった頭・胸・腹のパーツを繋げようとしても、ボンドなどが必要となってしまいます。

昆虫が苦手な先生はどうしたらよいか

小学校の教員をしていても、実は虫が苦手な先生が結構います。かといって、3年生を担任してしまった以上、必ず昆虫の学習をしなくてはいけません。ではどうしたらいいでしょうか。

ビデオ教材を使って子どもたちに教えて、それで終わらせるという方法もあります。もちろん、それでもテストの点数は取れるようになるでしょう。しかし、それでは意味がありません。私たちの仕事は、子どもたちに点数を取らせることだけが目的ではありません。豊かな体験を通じて考えたり感じたりさせることが必要です。

昆虫を触るのがどうしても難しいという場合には、昆虫が得意な子どもたちをリーダーにして、飼育をさせるとよいでしょう。それもまた、子どもたちの学習になります。

もちろん先生が管理をしなければならない場面はあると思います。しかし、ピンセットや割り箸を使ったり、ビニール手袋を使ったりと、昆虫を直接触らないで作業をする方法があります。そのような作業風景を子どもたちに見せてはいけ

ませんが、子どもたちがいない放課後であればよいでしょう。

どうしてもダメだという時には、虫が得意な同僚にお願いをするという手もあります。困った時はお互い様です。

とにかく、いろいろな方法を使って昆虫を飼育し始めてしまいましょう。慣れというのは恐ろしいもので、毎日見ていれば、アオムシぐらいであれば観察することができるようになるでしょう。

同僚の先生が昆虫が苦手な先生で困っているのだという場合は、アオムシや卵を用意して、「クラスで飼ってね」と渡してしまいましょう。子どもたちは喜んで飼育するはずです。その場合は、たまに様子を見に行って、お世話のお手伝いをしてあげましょう。

学校の花だんや校庭等子どもたちの周りには、いろいろな草花があります。
きれいだな、素敵だなと思うことが、入口になります。

3章 .... 植物

●これだけは押さえたい

▶ 植物は、色、形、草丈等、それぞれにおいて違いがあること。

▶ 植物の体は、形や色、大きさは違っても、根・茎・葉からできていること。

▶ 植物は、タネから芽が出て、子葉が出て、やがて葉が出る。そして、茎が伸び、葉が増える。その後、つぼみができて花が咲き、花の部分が実になり、タネができる。

▶ このように、植物は、種類が違っても育つ順序は同じであること。

▶ 植物の一生は、繰り返しの一生であり、そうして命を繋いでいること。

●指導のポイント

▶ 校庭などで植物の様子や成長を観察する際は、色、形、草丈、触った感じなど、視点を明確にして観察するようにさせましょう。

▶ 観察記録カードに、視点を書いておくと、忘れずに観察できます。

▶ いろいろな植物と比較しながら成長を観察することで、共通点や相違点を見つけることができるようにしましょう。

▶ タネを収穫するまで育て、タネがたくさんできる理由を考えることで、命の繋がりに目を向けさせましょう。

福島の復興の手助け
をするヒマワリ栽培

「福島ひまわり里親プロジェクト」のタネを使って栽培活動を行うと、
育てることに目的意識が生まれます。

ポイント	準備するもの
●復興を栽培の動機づけにすると、活動に目的意識、相手意識が生まれます。 ●時期をずらして栽培しましょう。夏休み明けに花の観察をすることができます。	◎苦土石灰◎腐葉土◎堆肥◎緩効性肥料◎ヒマワリのタネ（福島ひまわり里親プロジェクトで注文）◎ジョウロ◎育苗用ポット

【導入】

　子どもとヒマワリのタネをどう出合わせていますか。種苗店で買ったタネを配り、「ヒマワリのタネです。しっかり観察しましょう」と、与えていませんか。しかし、それでは育てる目的意識は生まれにくいのではないでしょうか。そこで、福島の復興の手助けをする活動と合わせてヒマワリの栽培をする取り組みをするという方法があります。

「福島ひまわり里親プロジェクト」のタネを購入します（下記HPにて購入手続きができます）。
https://www.sunflower-fukushima.com/

100粒程度　1200円
購入費と送料について
学校で予算立てしてお
くとよいでしょう。

◆授業展開

① 「福島ひまわり里親プロジェクト」について知る

　HPにさまざまな資料が掲載されているので、印刷して配るのもいいでしょう。

　また、趣意説明は通常担任が行いますが、プロジェクトの方をお招きして子どもたちに話をしてもらうことも可能です（ただし、復興のためであるので出張費用およびタネの送付代は学校持ちとするべきです）。

全国に広がる「福島ひまわり里親プロジェクト」のタネを購入することで、袋詰めなどの作業を行う知的障がい者の方の作業所での雇用が生まれます。育てて収穫したタネを福島に送ると、そのタネは翌年福島県内各地に配られ咲き誇ります。残りのタネは搾油され、県内のバスの燃料としても活用されます。

「福島の皆さんのために、ヒマワリの花を咲かせたい。タネをたくさん取って送りたい。」

と願いをもち、福島に思い心を込めて世話をする１年間を通して、子どもたちの心は大きく成長することでしょう。

【時期をずらして】

５月中旬にまくと１学期中に子葉から本葉の成長の様子の観察ができます（長野県の場合）。

タネまきから開花までおよそ60日ですので夏休み中の８月中旬に開花することになり、満開の時期の観察ができません。そのため６月末〜７月にもう１度タネまきをしておくと、８月末〜９月頃に開花する姿を眺めることができます。

理科の観察用（５月中旬）、花の観察用（６月末〜７月上旬）の２度まきをするのがおすすめです。

時期をずらしてタネまきをすると花期が変わり観察しやすいです。

② タネまきをする

ヒマワリは移植に弱いので、地植え、プランター共にそのまま直に植えて育てます。しかし、育苗用ポットを使ってタネまきをすることも可能です。

子どもが「自分の植えたタネ」の意識をもちながら観察をすることができます。

ヒマワリは生育期間中に「水切れ」や「肥切れ」をすると、下葉から枯れ上がってくるので、生育期間中は乾燥させないように敷きワラをして乾燥を防いだり、追肥をしたりして育てます。

◆授業の前に

ヒマワリは中性〜弱酸性の土で育てるとうまく育ちます。植えつけの２週間前に、苦土石灰、腐葉土、堆肥、緩効性肥料を、畑の土に混ぜ込みましょう。

やってはいけない

ヒマワリは直根性で移植を嫌います。できるだけじかに植えて育てましょう。
しかし、ポットで苗を育ててから移植する場合は、本葉４〜５枚程度が植え時です。
移植で根を傷めないよう、周りの土ごと優しく植えましょう。

12 ホウセンカのタネまき

写真を使うことで、タネまきの仕方がわかりやすくなります。

ポイント	準備するもの
●作業がしやすいように、土はたくさん用意し、学級園やシートの上に広げておきます。	◎植木鉢◎土（ホームセンターなどで売っている花の土。もしくは、赤玉土7、腐葉土3を混ぜたもの）◎鉢底用ネット（網戸の網等で代用可）◎鉢底用石（小石や発泡スチロールをちぎった物でもよい）◎移植ごて（人数分）◎じょうろ◎タネまきの工程の写真◎トウモロコシのタネ

以下のような工程を示す写真をできるだけ大きく拡大印刷し、近くに掲示します。掲示する場所がなければ、スケッチブックに貼っておくのもアイデアです。

植木鉢は2年生の生活科で使用したものをとっておくと準備が楽です。

1．ネットは植木鉢の穴より大きめに人数分、切っておきます。
　　ネットを敷くのは、虫が入ってこないためです。また、土が流れ出るのをおさえる効果もあります。
2．鉢底用石は、水はけをよくして、根腐れを防ぐ効果があります。重くなる場合は、発泡スチロールを使用します。

◆授業展開

1　底にネットを敷きます。

2　鉢底用石を植木鉢の4分の1〜3分の1程度入れます。

3　鉢に土を8分目まで入れます。

4　植木鉢をトントンと軽く地面にたたきつけ、土をならし、平らになった表面に、10cmくらい間隔をあけて、3カ所穴をあけます。深さは、0.5〜1cm程度。小指の先ほどです。

5　穴にタネを1粒ずつ入れ、土をタネの上に軽くかぶせます。タネの上にパラパラとまく程度です。

6　じょうろで水をしっかりやり、半日かげに鉢を並べます。

その後は、土の表面が乾かないように毎日水やりをします。ホウセンカは湿度の高いところを好み、発芽する温度は20℃が目安です。温度が確保できるようなら半日かげに置いておくと、土の乾燥を抑えることができます。

3. 市販のトウモロコシを用意して、見本の鉢のタネをまく位置に置くと、色がついているので、どこに穴をあけるかがわかりやすくなります（使用したトウモロコシは、その後、ポットに植えます。芽が出た時、ホウセンカと比較して観察すると、植物にはいろいろな芽があることを学習することができます）。

発芽後は、日当たりのよいところに置きます。土を乾燥させないように気をつけましょう。

また、透明なコップで穴をあける深さを見せるとよくわかります。

■植木鉢がない場合

植木鉢がない場合は、プラスチック製の紙コップや2Lのペットボトルを3分の1程度切ったものの底にキリで穴を数カ所あけた自家製ポットを使用します。

やってはいけない

鉢いっぱいに土を入れてはいけません。水やりの際に、水があふれて、タネや土が流れ出てしまいます。

たくさん土をかぶせたり、かぶせた土の上を押さえたりしないようにします。発芽の妨げになります。

じょうろが下向きだと、水の勢いが強く、タネを流してしまうので注意しましょう。

13 植物の根、茎、葉

作業工程の写真を用意しておくことでホウセンカの植え替えがスムーズにできます。

時間 20分

ポイント	準備するもの
◉作業がしやすいように、新しい鉢には前もって土（最初に植えた時と同質のもの）やネットや石を入れておきます。	◎じょうろ◎移植ごて（人数分）◎植え替えの工程の写真◎新しい鉢と土（前項12参照）◎工程の写真

工程の写真はできるだけ大きく拡大印刷し、近くに掲示します。掲示する場所がなければ、スケッチブックに貼っておくのもアイデアです。

子葉のあとに葉が2、3枚でたら植え替えをします。観察がしやすいように、1鉢に1本の苗を植えます。まずは、鉢の土全体が湿るようにじょうろで水をやります。ホウセンカの根から周りの土が離れないようにするためです。

一番大きなホウセンカの根本から3〜4cm離れたところを移植ごてで円形に掘ります。直根性ですので、根を傷めないようになるべく深く掘ります。そして、土がついた状態で掘り出します。

◆授業展開

1. ホウセンカに水をしっかりかけます（鉢の底から水が出てくるくらい）。
2. 植え替えをしたいホウセンカを選び、根の周囲の土をつけたまま掘り出します。
   他のホウセンカを同じように掘り出し、水を汲んだバケツの中で根の周りの土を落とします。すると根だけが現れます。ここで、根、茎、葉の区別を教えるといいです。
3. 植え替え用の新しい鉢に、穴をあけます。
4. 穴をあけたら、じょうろでしっかり水をかけます。
5. 苗を植え替えます。
6. 植え替えた苗に再度、水を

植え替える鉢の中心に、掘り出した苗が土ごとすっぽり入るくらい（少々大きすぎてもよい）の穴をあけます。その後、水をたっぷりかけます。

先ほどのホウセンカの苗を土ごと新たな鉢へ移動します。この時、根の周囲の土が入りきらなければ、穴を再度、大きく掘り直します。周囲に土をかぶせ、軽く押さえます。最後に、土を馴染ませるために、もう1度水をかけます。

かけます。
7　半日かげに移動させます。
8　片づけをします。
9　土が乾かないように水やりをし、2、3日たってから、元の場所に戻します。

　ホウセンカは、日当たりのよい場所でよく育ちます。しかし、真夏の直射日光には弱いので、真夏には半日ほど影にするとよいでしょう。

■移植ごて
　移植ごては寄せ植え用の幅が狭い物をおすすめします。苗と苗の間隔が狭かったり、鉢が小さかったりする場合、幅が広いと扱いにくいです。

やってはいけない

　土をつけず、ホウセンカの苗だけを掘り出して植え替えてはいけません。根が傷む恐れがあります。必ず土ごと植え替えます。
　苗についている土も、植え替える鉢の土も、両方がよく湿っていなければ、土同士がよくなじみません。どちらかが乾いた状態で植え替えたり、最後の水やりを怠ったりしてはいけません。
　土の質は、最初と同じものを必ず使用します。

14 草花の観察

時間
1単位
時間

カードを工夫することで、観察記録の質が変わります。

ポイント	準備するもの
◉観察記録カードに、観察のポイントを吹き出しにして書いておきます。そのポイントを見ながら観察や記録ができるので、質の高い観察記録カードになります。	◎ホウセンカとは別の種類の花の芽（教師が事前に育てておいたもの）◎観察記録カード◎虫眼鏡◎ものさし◎筆箱◎色鉛筆

〈吹き出しに記したポイント〉
①草丈や長さや大きさは、何かと比べたり、ものさしではかったりしよう。
②色や形は、「〜ように」（ひゆ）を使って書こう。
③文の終わりを、「〜と考えました。」「〜と思いました。」「〜とふしぎに思いました。」にして書こう。

◆授業展開

1　ホウセンカのほかに、もう1種類、別の花の芽を用意します。

　　マリーゴールド、トウモロコシ、ヒマワリ等を観察しやすいように、ポットや鉢で用意するとよいでしょう。

2　2種類の芽を比較しながら、虫眼鏡やものさしを使って詳しく観察します（違う種類の物と比較させることで違いが明確になり、特徴を理解することができます）。

3　観察したことをカードに記録します。

4　早くできたら、色鉛筆で色を塗ります。

5　できたカードを見せ合い、よいところを共有化します。

38

【実際のカード】

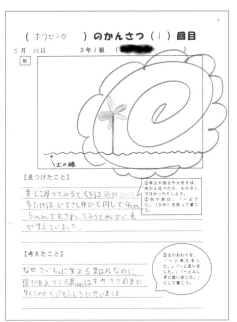

（ ホウセンカ ）のかんさつ（ １ ）回目

5月 20日　　3年 / 組　　（⬛⬛⬛⬛⬛）

絵

← 土の線

【見つけたこと】

葉を調べてみるとくきは色がこい。
草たけは、ひとさしゆびと同じで4cm
5mmですさわってみるとみじかいも
が生えていました。

①草丈や長さや大きさは、
何かと比べたり、ものさし
ではかったりしよう。
②色や形は、「〜よう
に」（ひゆ）を使って書こ
う。

【考えたこと】

なぜ さいしょに生える葉は丸なのに、
後で生えてくる葉(ば)はキザキザの葉が
生えるのだろう？とふしぎに思いました。

②文のおわりを、
「〜と考えまし
た。」「〜と思いま
した。」「〜とふし
ぎに思いました。」
にして書こう。

　左のカードでは、子葉と葉の違いについて書かれています。このようなよさをみんなで見つけ、広めます。

・成長に合わせて数回観察するので、カードをまとめて印刷しておきます。また、観察カードをためておくファイルを用意して、観察するたびに綴じておけば、花のアルバムづくりができます。
・花の芽が複数ある時は、一番元気な1本を観察させます。絵に描く時も、その1本を真ん中に大きく描くように指示します。
・絵を描く時、鉢や地面を大きく描いて、肝心の花の部分が小さくなってしまう場合があります。そうならないようあらかじめ絵のところに、鉢や地面を描いておきます。

やっては いけない

　全ポイントに従って観察や記録をする必要はありません。自分のペースでいくつかを選んで行うように指示してあげましょう。
　観察用のポットや鉢の数が少ないと、じっくり観察ができません。できれば人数分を用意しましょう。無理なら、3人に1つ程度は用意しておきましょう。

校庭の植物観察

簡易的な図鑑を作成して掲示することで、観察・記録の時間をしっかりとることができます。

時間
2単位
時間

ポイント

◉校庭に生育する植物を種類ごとに写真に撮り、それらをプリントアウトして、ラミネートします。さらに、それぞれの名前を記入して、簡易的な図鑑を用意します。

準備するもの

◎教師が作成した簡易的な図鑑（左参照）◎虫眼鏡◎観察記録カード◎衝立◎養生テープ◎クリップボード◎筆記用具

教師が作成した簡易的な図鑑

これを朝礼台などに置いておくと、子どもたちは、見つけた植物を写真と照らし合わせて自分で名前を確認することができます。

教師は「先生、この植物の名前は何ですか？」とたくさんの子どもから尋ねられることがなくなるので、その分、じっくり子どもたちの活動を観察できます。

市販の図鑑を使って調べると、調べることに時間がかかり、観察したことをカードに記入する時間がなくなってしまいます。

◆授業展開

1. 服装（長袖シャツ、長ズボン、長いくつした、帽子、軍手）と持ち物（筆箱、観察記録カード、水筒、タオル、虫眼鏡、クリップボード）を確認します。

2. 観察記録カードの書き方について説明します（葉や花の色、形、大きさ、草丈といった調べる視点を与えます。1つの植物を選んで詳しく調べるように指示します）。

3. 簡易的な図鑑の使い方について説明します。

4. 観察中に注意することを確認します（毛虫に触らない、ハチやムカデやヘビなどに近づかない、のどが乾いたら水

この方法だと、名前を調べる時間が短くてすむので、観察や記録などの活動時間がたくさん確保できます。

また、養生テープ等を使って写真を衝立に掲示すると、写真が風で飛んだりすることを防ぐことができます。

下記の衝立は自作です。裏面も使用できます。

教師が提示していない植物を見つけた場合には、名前を聞くのではなく、特徴を書いて仮の名前をつけるよう指導しておきます。

分補給をする、合図があったらすぐに集合する等)。

※ここまでは教室で行います。以降は校庭で行います。

⑤　観察のために行ってよい範囲を確認します（危険箇所には行かせないようにします）。

⑥　集合場所と時刻を確認してから、観察を開始します。

⑦　時刻が来たら集合し、教室に帰ります。

⑧　観察カードを黒板に掲示し、お互いに見せ合いながら、共通点と相違点を交流します。

⑨　交流する中でわかったことや気付いたことを発表します。

植物には、色、形、大きさなどにそれぞれ特徴があることを押さえます。

3
植物

41

16 花と実の観察

収穫した植物のタネの数を数えさせることで、植物が子孫を残す方法の素晴らしさを感じ取らせることができます。

ポイント

● 自分たちで育てた植物の実を分解します。
● 予想を立ててから分解します。
● できたタネを計算することで理科と算数の横断的学習となります。

準備するもの

◎コピー用紙◎セロハンテープ◎ピンセット◎虫眼鏡◎新聞紙◎ホウセンカやマリーゴールドの実（１つ）◎計算機

これまでに育てたホウセンカやマリーゴールドの実を１つとり、それを分解してタネを取り出します。取り出したタネはセロハンテープでコピー用紙に貼りつけ、数を数えます。その他の実の数も調べ、１つのタネからいくつのタネができるかを計算で求めます。

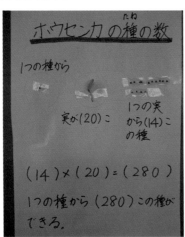

青い字の部分をあらかじめ教師が印刷しておきます。ただし、（ ）の中は空けておきます。（ ）の中は、実際にタネの数を数えたり、計算したりして、子ども自身に書かせるようにします。

◆授業展開

1 コピー用紙を配布します（個人での学習が困難な場合は、ペアを組むなど、学習形態を工夫する）。

2 １つの実の中に、タネがいくつできているか予想を立てます。

3 全員、植物の実を１つとってきます。

4 実を分解して、中からタネを取り出します。

5 取り出したタネを10ずつに並べ、セロハンテープを上から貼ります。最後に端数のタネも貼ります。

6 タネの数を数えます。

7 計算をして、コピー用紙に数字を書き入れます。

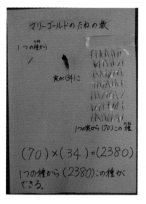

タネの数を計算して求める場面は、算数の勉強にもなります。2桁×2桁の筆算を習っていないようなら、計算機を使わせてみるのもよいでしょう。こうやって、理科と算数の横断的学習も行います。

なお、この学習は、花や実を分解して、それぞれのつくりを学んだり、最初に植えた時のタネと新しくとれたタネを比較したりした後に行うようにします。

8 他の友だちと数を比べ、考えたことを交流し合います。

9 また、来年も同じだけタネがとれたら、いくつのタネがとれたことになるか、計算機で計算してみます（例 2380×2380＝5664400 ！）。その後、どうして、こんなにたくさんのタネをつくる必要があるのか話し合います。

10 学習のまとめをします。

11 ふり返りを書きます。

■時期をずらして植えておく

地域によってホウセンカは、1学期の間に花は咲いても、実までは観察できない場合もあります。夏休みの間に花がしぼんで実になり、2学期の始業式を迎えた頃には、すでに枯れる寸前といった状態になる場合もあります。

その時のために、時期をずらして植えたホウセンカをあらかじめ用意しておくとよいでしょう。期間は1カ月くらいずらします。そうすると、遅く植えたホウセンカを2学期に観察することができます。

やってはいけない

ホウセンカの実を直接触って力を加えると、実がはじけて、タネが飛び散ります。また、マリーゴールドも思った以上に周囲に散らばります。手だけでタネを受けるのではなく、新聞紙を広げて、その上で実を分解するようにします。

子どもに植物への興味を抱かせる

ホウセンカを育てる前に、ホウセンカのタネの特徴を観察します。子どもたちは、「小さい」「丸い」「茶色」「表面に穴がある」など、いろいろなことを見つけます。

そこで尋ねてみましょう。「どうして、小さいの？」「どうして丸いの？」「どうして茶色いの？」「どうして表面に穴があるの？」と。子どもは答えられません。そんなことを考えたことがありません。

続けて誘ってみましょう。「どうしてなのか、ホウセンカを育ててタネをとって調べてみない？」

子どもは大張り切りで賛成します。そして、一生懸命、ホウセンカを育て、観察をします。見つけたことを観察記録カードに書いて溜めていきます。

そして、いよいよ実ができて、タネをとった時、最初に私が尋ねたクイズの答えを聞いてみます。

子どもたちは、「わかった！ ホウセンカの実がはじけてタネが飛ぶ時、遠くに飛ばすために、タネは小さいんだ」「飛んだ先でどんどん転がって遠くに行くために丸いんだ」「そこで、タネが見つか

らないようにするために、土の色に似せた茶色をしてるんだ」「穴は、水を吸収して芽を出すためにあるんじゃない？」等と、次々予想を立てます。

出てきた予想の1つ1つを何かで調べて解説などはしません。「そうかもしれないね」「そうならすごいね」と子どもと一緒にはしゃぎます。その内、「先生 インターネットで調べてみる」「僕は図鑑で調べる」という子が出てきます。確かめたくて仕方ないのでしょうね。「先生、他のタネはどうなってるんだろう」と新たな疑問をもつ子もいます。「植物って、よく考えてるよなあ。人間みたい」と、植物に畏敬の念を抱く子もいます。

こうやって、子どもたちと過ごしてみませんか。

風やゴムの力で動くオモチャ。身近な材料を使って、いろいろなタイプをつくることができます。

4章…風の力・ゴムの力で動く物

◉これだけは押さえたい

▶「つくる楽しさ、できたよろこび」を体感させましょう。

▶風の力／ゴムの力の大きさと物の動く様子に着目させ、それらの関係を比較させながら調べ、表現できるようにしましょう。

▶風の力／ゴムの力は物を動かすことができることや、力の大きさを変えると物が動く様子も変わることを捉えることができるようにしましょう。

◉指導のポイント

つくりや遊び方の工夫があります。

▶例えば、風の力で動く車づくりでは、風があたるほの材料や形の工夫

が考えられます。風の強さは、うちわや送風機、ドライヤーなどでコントロールすることができます。

▶ゴムの力で動く車は、遠くまで走らせる競争やゴールラインで止まる競争で、力の大きさと動く様子の関係を体感させることができます。

▶ゴムと風の力の両方で動く物を考えさせ、時間に余裕があれば、工作させましょう。

▶風の力をゴムの伸びで表す方法を考え、発表させると、自由研究のヒントになるでしょう。

▶動くおもちゃは、思わぬ方向へ動くことがあります。ケガをしない、させないことの注意喚起が必要です。

風で動くおもちゃ

簡単につくれる風車で、短時間に工夫して何度も実験できます。

ポイント	準備するもの
◉教師が完成品を見せて興味を持たせます。 ◉工夫していくつも組み立て、強い風ならよく回ると自然とわかっていきます。	◎つまようじ◎網戸張り替え用の押さえゴム（太さは5.5mm。以下「ゴム」と表記）◎ストロー（つまようじが通る物。直径3mm）◎画用紙◎割り箸もしくは太いストロー◎コンパス

この風車は、ゆっくり歩いても回せるくらいに敏感です。まず、完成品を子どもたちに提示し、回して見せましょう。

①折れやすいつまようじの元の部分を折り取ります。

②折り取ったところに、ゴムを5mm程に切った物を刺し込みます。

③つまようじが入る細いストローを2cmと5mmに切ります。

◆準備

　ゴムは、ホームセンターの網戸コーナー等に置いてあります。10cmほどに切り分けて、班に配ります。画用紙は、2cm×10cm程度に切って、中心部分にコンパスで穴をあけておくとよいでしょう。

◆手順の説明

　教師がつくった風車を回して見せましょう。子どもたちがつくりたい気持ちになったところで、手順を説明します。

　左の写真のような図を、板書して提示し、④の2つのポイントについて説明します。左側のゴムをなるべく奥まで、ただし、パーツが触れ合わないようにするのがこつです。

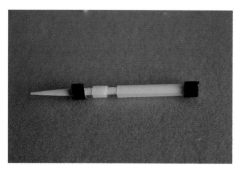

④写真のようにストローを刺し、5mmほどに切ったゴムで止めます。この時、お互いのパーツが触れ合わないように余裕をもたせます。また、左のゴムは、細くけずっていないところまで押し込みます。

⑤画用紙を取りつけます。画用紙を押さえるために、ゴムを1cmほどに切ってつまようじに差し込みます。つまようじの尖った部分は、ゴムで覆われて安全になります。

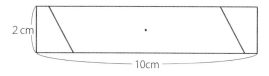

2cm
10cm

⑥画用紙を写真のように折り曲げます。
⑦持ち手になる太めのストローを、2cmの細いストローに貼りつけます。
⑧色塗り可。

最後の写真⑤のように、2cmに切ったストローを太めのストローもしくは割り箸に貼りつけます。貼りつけなくても、ストローをつぶさないように手で持って回すこともできます。

画用紙の大きさや中心の穴は、目分量でも大丈夫です。回る時に、多少振動があるぐらいです。

◆確かめ

色塗りや、名前書きをしてから、「強い風だと強く回り、弱い風だと弱く回る」ということを確かめさせましょう。

送風機の強い風にも、耐えることができます。歩いて弱い風が当たるだけでも回ります。

1時間に2、3個つくることができるので、工夫して楽しむことができます。

やっては いけない

風車の横から風を当てても、回りません。正面（1cmのゴムをつけた方）から風が当たるように教えてあげてください。

18

ゴムの力で動くおもちゃづくり
（紙コップカムバック）

向こうへ転がしたコップが、ゴムの復元力で、手元に戻ってきます。

時間
1 単位
時間

ポイント

- ●コップの大きさ・輪ゴムの種類・おもりの大きさ・形に留意しましょう。
- ●転がし方にこつがあります。むやみに力ずくで転がすと、思わぬ方へ転がってしまいます。転がし方のこつを体得させましょう。
- ●コップに模様を描くと、とてもきれいに仕上がります。

準備するもの

◎紙コップ（205mL）またはプラコップ（215mL）1つ◎輪ゴム（No.16）1本◎厚紙（工作用紙、段ボール等）10cm×10cm程度2枚◎おもり（使い古した単3電池1個または直径17mmのビー玉3つを並べてテープでつないだ物や直径2cm程度の鉄製ナット等）◎つまようじ2本（1本を二分した物でも可）◎細い針金15cm程度（先を曲げフック状にする）◎はさみ◎千枚通し等の穴あけ用具◎セロハンテープ◎接着剤

【つくり方】

①厚紙から直径8cm程度の円板2枚を切り取り、中央に直径5~10mm程度の穴をあけます。
②コップの底にも穴をあけます。
③円板の1枚をコップの底に貼りつけます。

④おもりに輪ゴムをテープで留めます。

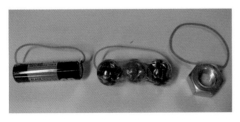

◆製作時の留意点等

- ・円板は、厚紙にコンパスで円を描いた物を切り取ります（お椀などの縁などに沿って円を描き、おおよその円の中心に印をつけてもいいです）。
- ・2枚の円板の直径は異なっていてもかまいません。異なった場合、コップはカーブを描いて動きます。
- ・穴あけは千枚通しで小穴をあけ、鉛筆でグリグリとするとよいでしょう。

⑤おもりをコップ内に入れ、輪ゴムをフックのついた針金で円板の外へ引き出し、輪ゴムにつまようじを入れ、留めます。

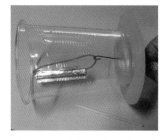

⑥輪ゴムのもう一方の端を、もう1枚の円板の穴を通して、つまようじで留めます（円板はゴムの力でコップに密着します）。

【遊び方】
①コップを水平に手に持ち、そっと押し出し転がします。すると、向こうへゆっくり転がり進み、いったん停止した後、逆回転しながら元のところまで戻ってきます。
②コップに大きな力を加えると数m向こうまで転がり進み、いったん停止し、元のところまで戻ってきます。力の加え方のこつを見つけましょう。

・おもりは、コップ内で宙づりの状態にします。おもりがコップの内壁に接触するとうまく動いてはくれません。

・なぜ、コップが戻ってくるのかを説明できるような展開にしましょう。

やってはいけない

■千枚通しで遊んではいけません
児童に穴あけをさせる時は使い方をよく説明しましょう。
コップを放り投げるのもいけません。

はさみの使い方

❶基本的な使い方

　片手に紙を水平に持ち、反対の手にはさみを縦に持ち、はさみを開いて紙をはさみの奥に置き、下の刃を動かさずに上の刃を縦に動かしてはさみを閉じると、紙が切れます。

・長い距離を切る時は、はさみを開く・閉じる動作を反復し、切り進みます（この時、完全には刃を閉じずに、進みましょう）。

・曲線切りをする時は、はさみを曲線に沿って動かすのではなく、紙の方を動かします。

❷右利き用・左利き用はさみの違い

　右利き用はさみは右手に持って作業したとき、使いやすいように作られています。

・右利き用はさみを右手に持って紙を切るとき、はさみの左側から切り口（紙を切っているところ）を見ると、切り口がすっきり見えるつくりになっています。

　しかし、右利き用はさみを左手に持つと、刃の後ろに切り口が隠れて見えません。

　また、左手で右利き用はさみを使うと、はさみを閉じるときの力の加わる向きが適切でないため切り口での刃のかみ合わせが広がり、切れ味が悪くなります。

　左利き用のはさみは、ちょうどこの逆になります。利き手に合わせたはさみを選びましょう。

❸テープ等のベタベタ（接着剤）の除去の仕方

　日焼け止めクリームを塗り数回チョキチョキしティッシュで拭き取る、消しゴムでこすり取る、消毒用アルコール・除光液等で拭き取る等の方法があります。

曲がったゴム管の穴を覗いても、黒く見えるだけです。これも光がまっすぐ進む証拠です。

5章 .... 光

◉ これだけは押さえたい

▶ 光はまっすぐ進むこと。

▶ 光を反射させることができること。反射する向きには、法則があること。

▶ 光を当てると物の温度が上がること。

◉ 指導のポイント

▶ 光はまっすぐに進みます。太陽の光を鏡に反射させて、地面をまっすぐに進む様子でそれを確かめることもできますが、曲がるストローでも確かめられます。曲がっていると光が入ってこないのです。

▶ 光を鏡で反射させることができます。この時、決まった向きに反射します（入射角と反射角は等しい）。角度を算数で習っていない3年生なので、太陽の位置と光を当てる物の位置を決め、そこにうまく当てる体験を積むことが大切です。

▶ 同様に、凸レンズで紙を焦がす時にも、太陽の向きとレンズの向き、紙の向きをうまく合わせる必要があります。そこがわからない子が多いので、丁寧に教えてあげてください。

▶ 鏡を使って水の温度を上げる実験では、的をつけて目印にしたり、反射板を使って効率よくすることとが成功の鍵です。

19

光の直進・反射

光はまっすぐに進みます。その光は、鏡などで決まった方向に反射します。

ポイント	準備するもの
◉光はまっすぐに進みます。 ◉鏡に当たると決まった向きに反射します。	◎曲がるストロー（直径6mmくらい）◎鏡（人数分）

【やり方】

　ストローは太陽に向けることなく、蛍光灯や窓に向けるようにしてください。

　あえて、ストローが曲がった状態で見本を見せます。バッドモデルです。

　しばらくすると、「見えた」と言う子が数人出てきます。

「どれ、見せてごらん」と写真のようにストローを曲げて持ち、「見えませんよ」と伝えます。すると、

「先生、ストローを伸ばしてまっすぐにします。曲がってちゃ見えません」

と自ら大切なポイントを言うようになります。ストローをまっすぐにすることが全体に伝わってから、光がまっすぐ進むことをストローの形から確認します。

◆ストローで実験

「カーテンを開けると明るくなるね。それは、窓から光が入ってくるからです」と説明し、

「ストローを覗いて、明るく見えるようにしよう」と発問します。

　その時、写真のように実験の仕方をやって見せてからストローを配ります。

　子どもたちは、自然にストローをまっすぐに伸ばして、「見えた」と言います。

「ストローをまっすぐにしなければ光が通ってこないということは、光にどんな性質があるのでしょう」

　ここで、「光はまっすぐに進む」と確認します。

鏡を使う活動に入る前には、
「人の顔に当てると、その人の目を痛めるのでやめましょう」
と先に注意をしておきます。そして、それでもやってしまう最初の1人を見逃さないようにして注意します。

2枚の鏡で、光を思うところに届かせます。この場合、左の鏡に当たった光が反射して、右の鏡に当たって反射しています。

「少し右に向けて」等と、光の進み方を予想するつぶやきが自然に出てきて楽しい学習活動になります。

「光はまっすぐに進むのですが、鏡を使うと窓から天井に光を当てることができます。これを反射といいます」

◆鏡で実験

その後、1人1枚鏡を与えて、外で体験活動です。
「鏡を使って、光をいろいろなところに当ててみましょう」
体験的に、入射角と反射角が同じことをつかませていきます。
ある程度わかってきたところで、2人組で鏡の反射リレーを行うよう指示します。
「2枚の鏡で光を反射させて、ここに当てましょう」と目標物を示し、AさんからBさん、Bさんから目標物へと光を当てさせるのです。太陽の位置と2人の位置取りが意外に難しいので、できた時には嬉しくなります。

12、3分を残したところで、教室に移動し、学習のまとめをノートに書かせます。

やってはいけない

子どもに「光は直進するとわかったか」と聞いてはいけません。言葉で「まっすぐ進む」と言っても、ストローをまっすぐにして見ていなければ、わかっていません。

20 光で物を温める

時間
20分

鏡を使って日かげに置いた水を日光で温める実験を効果的に行います。

ポイント

- ◉レフ板（反射板）を使います。
- ◉ペットボトルに標的をつけます。
- ◉試験管等直径が小さくて細長い容器に水を入れるようにします。
- ◉容器を黒くして、熱吸収をよくします。
- ◉容器を二重構造にして、熱が逃げないようにします。

準備するもの

◎Ａ４の厚紙◎アルミニウム箔◎ワイヤーハンガー◎土台の板（重しにできるもの）◎温度計２本◎試験管２本◎ペットボトルの容器２つ◎黒ビニール◎ガムテープ◎両面テープ◎隙間テープ（２mm、５mm）◎セロハンテープ

【実験セットの改良】

　子どもがうまく的をねらえないために、水が温まらずに失敗するケースが大半なので、背面にレフ板（反射板）を設置し、的からはずれた光も、裏から反射して当ててやるようにします。

　また、「◎」の形の的をつくってペットボトルに貼ると、子どもの集中力がより高まって、的中率が上がります。

　ペットボトルに重しになる板をガムテープで取りつけると、風で倒れなくなります（百円ショップにあるMDF材等で十分です）。

◆レフ板の製作

1. Ａ4の厚紙に両面テープを使ってアルミニウム箔を貼りつけて、レフ板をつくります。

2. レフ板の裏面にワイヤーハンガーを取りつけます。

3. 扇状になるようにワイヤーハンガーごと丸みをつけ、ガムテープで土台に取りつけます。

短時間で効果を得たい場合、水の量を減らすのが一番ですが、水を減らすとその分光を当てにくくなります。そこで、黒い試験管に水に入れて熱効率を高めます。試験管は直径18（2mm隙間テープ）に水15mLを入れるより、小さめの直径15（5mm隙間テープ）に水5mLを入れた方が、より短時間で効果が出ました。

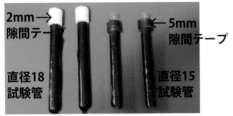

同じ容器を2つくり、同じ量の水をそれぞれの試験管に入れて、温度計を差し込みます。1つはレフ板の前方に光がよく当たるように置きます。もう一つはレフ板の裏側に置いて光が当たらないようにします。同じ場所、同量の水、同じ時間で比較するというのが大事です。

◆水を入れる容器の作成

1. 試験管の上部に隙間テープを1周り貼り、その上からテープを巻いて固定します。

2. 黒ビニールを切って、テープで試験管に貼ります。

3. 試験管をペットボトルの口に差し込みます。

4. 試験管に水を入れ、温度計を差し込みます。

やってはいけない STOP

季節にもよりますが、熱中症の心配がありますので、結果が出ないからと実験時間をずるずると伸ばさないようにします。

水温を見るために温度計を持ち上げた後、温度計を落として戻さないこと。試験管の底に着くまでは、温度計を持って下げるよう指導します。

光のものづくり

手づくり万華鏡で、光の反射を印象づけます。反射鏡の材料費をおさえた
手づくり万華鏡です。オブジェクトなしのレンズタイプの万華鏡です。

時間
1単位
時間

ポイント	準備するもの
◉パーツを自作します。 ◉きれいに見えることを友だちと見せ合いして楽しむ機会をとります。	◎鏡2枚◎ミラーシート（アーテック社のカッティングミラー推奨。1枚が30cm×40cm×0.5mm厚で25人分）◎おはじき（なるべく透明度の高いもの）◎粘着テープ◎カッター◎カッターマット◎定規◎油性ペン

【事前準備】

1人分は、縦8cm、横6cmの長方形です。横は2cm幅に筋目が入ります。

保護フィルムを貼ってない方からカッターで切り、鏡の面を内側にして折り曲げます。6cmのところで、切り離すことで、1人分ができます。

8cm

6cm

これを人数分、事前につくっておきます。

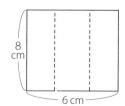

筋目を入れて、折り目をつけておきます。鏡のフィルムまで切らないようにします。

◆授業展開

鉛筆を教卓の上に立て、鏡を1枚置きます。

「鏡に、鉛筆は何本映っていますか」と問い、挙手・発表させます。1本です。

「次に、鏡を2枚にします。鉛筆は何本映るでしょう」と問い、挙手・発表させます。2本と答える子が大半でしょう。鏡を鈍角に開いた場合はそうですが、鋭角にするとたくさん映るので、子どもたちはびっくりします。

「光の反射を利用したおもちゃをつくりましょう」と本時の課題を提示し、1人分の材料を渡します。ミラーシートを折って三角柱をつくり、端を粘着テープで留めると万華鏡のできあが

【楽しみ方の手順】
①3枚の鏡だけで楽しむ

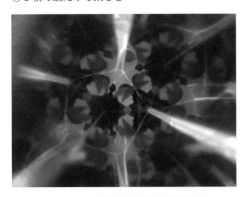

　この万華鏡は、覗いた物が鏡に映ります。これ
は、カラー印刷されたものを覗いています。お互
いにどんな物が見えたか交流させましょう。

②おはじきを貼って楽しむ

　　　　　　　　　　粘着テープを長
　　　　　　　　　　めに切って、貼り
　　　　　　　　　　つけます。
　　　　　　　　　　おはじきが光を
　　　　　　　　　　屈折させ、さらに
複雑な模様ができます（おはじきがレンズの役割）。

③色を塗って楽しむ
　○角に色を塗るのがこつです。
　ステンドグラスのような作品になります。テー
プを貼り直し、つくり直しも可です。
　なお、くるくる回しても、外の景色を写してい
るため、模様は変化しません。外に見える物によ
って、模様が変化するのです。

りです。

① 「これで覗いてみよう。きれ
　いに見える物を探してくださ
　い。ただし、太陽は絶対に見
　てはいけません」
　これだけでも楽しめます。
② 「次に、バージョンアップし
　ます。おはじきを、テープを
　長めにとってべたっと貼りつ
　けてください」
　これで見える模様に変化があ
ります。
③ 「テープの上から、油性ペン
　で色を塗りましょう」
　この3番目も、友だちと交流
しながら楽しい作業になりま
す。

※宮内主斗、関口芳弘編著『クラスが
まとまる理科のしごとば　下』（星の
環会）を参考にしました。

やってはいけない

　①で、きれいに見える物を見せずに先に進んではいけません。教科書等のカラー印
刷されたもので、写真のような模様が見えることを知らせて、「素敵だね」とほめて
意欲を喚起してください。

物が見えるわけ

暗幕で暗くできる教室があったら、物が見えるわけを確かめることができます。

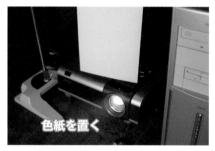
色紙を置く

用意する物は、パソコンとプロジェクター、そして白い紙等のスクリーンです。プロジェクターからは白い光が出るような画面にし、プロジェクターから30cmくらいのところに色紙を置いて光を当てます。

では、プロジェクターの光を赤の折り紙に当てると、スクリーンの白い紙は何色になるでしょうか。

「赤い折り紙だからって、赤くはならないでしょう」「紙だから光を反射することはないでしょう」「鏡なら光を反射するけど、別にスクリーンに変化はないでしょう」

そんなことを思っている児童がいます。

さあ実験です。こうなりました。

では、緑の折り紙に白い光を当てるとどうなるのでしょう。

赤い紙に当てた光は、どうも赤い光を反射するようです。となれば、緑の折り紙は緑色の光を反射するのでしょうか。

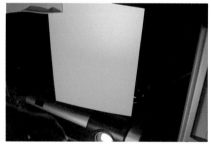

その通りでした。

太陽は光を出していますが、光を出していない物が見える時、その物が反射した光が目に入って見えるのです。

ふるえていることがわかりにくい楽器もありますが、やはりふるえています。
手で押さえながら鳴らすと、音がひびかないからです。

6章 ……………………………………………… 音の性質

◉これだけは押さえたい

▶ 音を出している物は、すべてふるえていること。

▶ 音を伝えている物も、ふるえていること。

▶ ふるえを止めると、音が出なくなったり、伝わらなくなったりすること。

▶ 音が大きいとふるえ方が大きく、音が小さいとふるえ方が小さいこと。

◉指導のポイント

▶ 音を出している物はふるえている。という自然の法則を、子どもたちに見つけさせましょう。そのために、いろいろな実験を行い、子どもたちに「やっぱりこれもそうだ」と納得させたり、「音が出ているのだからふるえているはずだ」と予想させたりします。

▶ 音の大小とふるえの関係についても、同じことが言えます。教えてしまえば、簡単に覚えてもらえる内容です。でも、ここでは体験を通じて学ぶことが大切です。

▶ 学校で学んだ法則性を、家庭や地域でも確認させましょう。例えば、スマホで音楽を流してスピーカーに指を当てると、ふるえを感じます。子どもたちが学ぶ法則性は、学校だけではなく、家庭でも、地域でも、どこでも通用する事柄なのです。

22 音は振動であることを
実感しよう

音が振動であることと、振動と音の大きさとの関係を、
実験を通して気付かせていきます。

時間
1 単位
時間

ポイント

⦿ **音を出すものは振動しています。**
⦿ **音が大きくなると、振動も大きくなります。**

準備するもの

実験②◎コピー用紙◎はさみ
実験③◎低密度ポリエチレンの袋
（透明なもの）◎小さなビーズ
や発泡スチロールビーズ
実験④◎身近な音源いろいろ

【実験①】声は振動

自分ののどに手を
当てて、声を出して
みます。どんな感じ
がするでしょうか。
振動を感じるはずで
す。

では、声を出さず
に、息を出すとどう
でしょうか。振動は
感じないはずです。
声の大きさを変え
て、振動の違いを感
じてみましょう。

紙笛

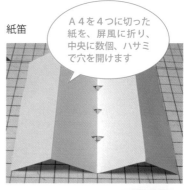

Ａ４を４つに切った
紙を、屏風に折り、
中央に数個、ハサミ
で穴を開けます

【実験②】紙笛をつくろう

コピー用紙で紙笛をつくります。

紙笛を鳴らすと、手に振動が伝わってきます。

吹き方によって、音の大きさも変わります。音
が大きい時と小さい時では、振動はどう違うで
しょうか。

紙の隙間をわずかに
開けて、息を吹き込
むと「ブー！」と音
が鳴ります

【実験③】声の振動で動かす

　透明なポリエチレンの袋に、ビーズや発泡スチロールビーズを入れます。空気を入れて膨らませた状態で、袋の口をねじって閉じます。

　手で強く袋を押して、袋がピンと張った状態にし、袋に口をつけて大きな声を出します。どうなるかを予想させます。

　声の振動が伝わって、袋の中のビーズが動きます。声の高さや大きさを変えると飛び跳ねるように動きます。

声の高さが合うとビーズが飛び跳ねます

【実験④】他の物でも試そう

　音楽室の楽器を使って、音が鳴っている時は振動していることを確かめることができます。太鼓、トライアングル、シンバルなどが、わかりやすいでしょう。

　ラジカセなどのスピーカーも、音を鳴らしている時に触れると振動を感じます。

　音の大きさを変えて、振動の感じ方の違いを比べさせましょう。

・音が出ると振動し、音が大きいほど振動が大きくなります。これは、いずれの実験にも共通します。音の大きさとの関係にも気付くことができるように、意図的に音の大きさを変えさせましょう。

・音の大小と高低を混同している児童もいます。実験①で確認しておくとよいでしょう。

・実験③では、息でふくらませると、湿気でビーズの動きが悪くなります。袋を広げたり、動かしたりして空気を入れます。

・実験前に、ビーズの動きを予想させます。ここまでの実験結果から、ビーズがふるえたり動いたりすることを予想する子がいるでしょう。予想したことが的中する経験をさせましょう。

・スピーカーは、指先で触れるよりも手の平でふさぐようにした方が感じやすいようです（実験④）。

やってはいけない

「音は振動です」ということを直接教えてはいけません。いろいろな実験を通して子どもたちに気付かせ、どの音源でも振動しているのだと一般化させましょう。

音を伝える物は、どうなっているだろうか

音が振動であることを踏まえた上で、音を伝える物も振動していることを実験を通して確かめていきます。

時間
1単位時間

ポイント	準備するもの
◉音を伝える物も振動しています。 ◉私たちの周りで、ふだん音を伝えているのは、空気です。	実験①◎ピンセット◎たこ糸 実験②◎太鼓◎ろうそく◎マッチなど

【実験①】

たこ糸を1m程度に切り、その中央にピンセットをぶら下げます。

たこ糸の端を人差し指に2～3回巻き付けます。人差し指を、耳の穴に入れます。

ぶら下がっているピンセットを、机の端などにぶつけると、ピンセットの振動が糸を伝わって聞こえてきます。

ピンセットの振動が、何を伝わって耳に伝わっているのかを考えさせます。

振動が「ピンセット→たこ糸→指→耳」と伝わっている予想になったら、それを確かめる方法を考えます。

たこ糸を途中でつまんで振動を止めれば、振動が耳に伝わらなくなるので、音は聞こえなくなるはずです。

・たこ糸ではなく空気を伝わるという考えも出るでしょう。しかし、指を耳に入れずにピンセットを叩いても、聞こえる音はわずかです。この実験で聞こえている音は、たこ糸を伝わっている物が主になります。

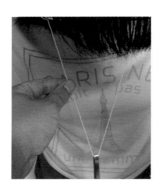

実際に試します。1人では実験できないので、友だちに糸をつまんでもらいます。つまんでもらった方の音だけが、聞こえなくなります。

※使う道具によっては、結果がわかりにくい場合があります。必ず予備実験を行いましょう。

2人が組になり、糸の一方ずつ使う方法もあります。この場合は片手があくので、自分で糸をつまめます。

・糸をつまんでも、ピンセットの振動は止まらないことを確認します。
・振動が伝わる「ピンセット→たこ糸→指→耳」のルートが途切れてしまったことを確認します。

【実験②】
　太鼓を鳴らします。太鼓の音が聞こえるのは、何が音を伝えているのでしょうか。
　太鼓と耳の間にある物を考えると、空気しかないことに気付きます。
　音が伝わる時に、空気が振動しているのかどうかを確認します。方法を児童が考えるのは難しいため、教員が実験装置（太鼓とろうそく）を示します。
　空気が振動するならば、ろうそくの炎はどうなるだろうか。
　空気の振動に合わせて、ろうそくの炎がゆれるはずです。
　実験を行い、太鼓の音で炎がゆれたり消えたりすることを確認します。
　このことから、太鼓の前の空気がはげしくゆれていることがわかります。

・ろうそくの炎は、太鼓の中心に合わせると、結果が出やすくなります。

やってはいけない

　答えを教師が言ってはいけません。何が音を伝えているか、それを確かめるにはどうするか。子どもたちに考えさせることが大切です。そして、音源と耳との間にある物（空気など）が振動して音を伝えることに気付かせましょう。

24 音の振動で飛び跳ねる おもちゃをつくろう

自ら声を出し、大きさや高さを変化させることで振動を変え、動きの変化を楽しみます。

時間
1単位時間

ポイント

●音と振動を結びつけることがねらいなので、**声で紙コップの底面が振動している**ことを確認させながら、工作に進みましょう。

準備するもの

◎紙コップ（205mL程度）◎Ａ４／Ｂ５程度のコピー用紙／画用紙◎発泡スチロール球（直径６～１mm程度：直径６mmのものは百円ショップで入手できます）◎モール（10～15cm長）◎ストロー（直径４mm）◎アルミニウム箔◎つまようじ（竹製のものがよい）◎セロハンテープ◎はさみ◎カッター◎押しピン

【実験・工作など】

①（実験）一方の手でコップを持ち、他方の手の指をコップの底面に軽く触れさせます。

コップを口に当て声を出すと底面がふるえていること、大きな声・小さな声・高い声・低い声で振動の様子が異なること、また、単に息を強く吹き込んでも振動しないことを確認させます。

②（工作）紙コップの側面にカッターで十字型の切り込みを入れます。切り込みに指を入れ、穴を広げます。

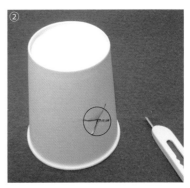

＊この作業は、事前に教師がやっておいた方がよいでしょう。

＊カッターで切り込みを入れる時には、ペットボトルキャップで丸印をつけると作業しやすいです。

③コピー用紙などを丸めてロート状の筒をつくり（一度巻き癖をつけてから、ロート状にするとよい）、セロハンテープで留め、コップの切り込みに差し込み、はさみで形を整えます。

④（実験）コップを手に載せ（机の上に置いて）、筒口に当て声を出すと、コップの底面がふるえることを確認させます。

⑤（実験）コップの底の発泡スチロールの小球、ストローの小片、アルミニウム箔の小片を載せ、筒口を当てて声を出す。大きな声、小さな声、高い声、低い声と変えて、小球などがよく飛び跳ねる声（音）を見つけさせます。

⑥（実験）コップの底中央につまようじを刺し、短く切ったストローをかぶせて実験しましょう。

⑦（実験）モールをとぐろ状に巻きヘビのような形にし、つまようじにひっかけて実験しましょう（ヘビがくるくると回転する“ダンシングスネーク”です）。

※撮影の都合で底面を黒くしています。

＊つまようじを刺す時は、まず、押しピンで小さな穴をあけ、それに刺すと簡単にできます。

＊机の上に置いた方がより振動します。

※このおもちゃは、広島文教女子大学の原田正治先生考案の“ダンシングスネーク”をもとにしています。

やってはいけない

はさみやカッターを振り回したりしてはいけません。
隣の人の耳の近くで大きな声を出してはいけません。

中学校の「音」を、少し先取り

音の学習は、先の学習指導要領では中学校で行われていました。小学校でも音を扱うことになりましたが、中学校での内容は変わりません。

発展的な学習として、中学校での内容を少し先取りして、子どもたちの興味を引く楽しい学習をしてもよいでしょう。

❶音叉で水を弾き飛ばす

学校に音叉はあるでしょうか。以前にも小学校で音を学習した時期があるので、準備室の隅に眠っているかもしれません。

音叉をたたいて、音叉の先をタライに張った水につけると、振動で水が飛び散ります。音を出している物は振動しているということを示す実験として扱えます。

❷音の波を見る

音の振動をより正確に調べるには、オシロスコープという機械を使います。音の大小や高低などによって波形が違うことを、画面で見ることができます。高価な機械ですが、タブレットのアプリであれば安価です。e-scope 3-in-1（iOS）や oscilloscope（Android）等があります。

❸音が伝わる時間を感じる

山に登って「ヤッホー！」と大声で叫び、声が戻ってくるのを楽しんだことはあるでしょうか。この「やまびこ」は、音の伝わりが意外と遅いことを使った遊びです。

音の伝わりは1秒に約340mなので、普段は瞬時に伝わるように感じます。しかし、距離がある場合には、伝わるのに時間がかかることをはっきりと感じることができます。

例えば、遠くの打ち上げ花火の音が遅れて聞こえることに、気付いている子どももいるかもしれません。

運動会の放送やピストルの音が、少し遅れて聞こえることもあります。おそらく、近くの建物で音が跳ね返って聞こえるのでしょう。

影は身近にありますが、いつも同じ形ではないことやその有無による地面の違いにまで気付いているでしょうか。

7章 ……………………… 日なたと日かげ

◉これだけは押さえたい

▶ 棒状温度計を使って、正しく気温や水温、地面の温度を測ること。

▶ 日かげは太陽の光をさえぎると、太陽の反対側にできることから、太陽の位置と影の関係を知ること。

▶ 日なたと日かげの地面の様子には違いがあること。

◉指導のポイント

▶ 最近は車などでデジタル温度計を見かけることが多く、温度を数字で読むことも増えています。理科の実験等では、棒状温度計を使うことが多いので、正しい持ち方や持ち運び方、そして温度の読み方をしっかり教えていくことが大切です。また、誰もが正しく扱えるように、全員に棒状温度計で温度を読む練習をさせましょう。

▶ 日なたと日かげでは、天気のよい日に影遊びをして気付いたことを話し合わせることで、影や影ができるわけに関心をもつことになります。

▶ 太陽を見る場合は、必ず遮光板を使います。

▶ 日なたと日かげの違いについては、日差しの強めの日に行うと効果的です。明るさや色、触った時の湿り気や温かさがはっきりと異なるからです。

25

温度計の使い方

温度計は実験でよく使う道具です。使い方を覚えて正しく測定しましょう。

ポイント	準備するもの
●温度計の使い方と気温、水温、地面の温度の測り方を覚えましょう。	◎温度計◎（厚紙、牛乳パック）

温度計の持ち方や読み方は、まず教室や理科室で練習させましょう。班の友だちとチェックし合うようにすると、温度計の使い方が身に付きます。正しい持ち方をしっかり教えて、事故のないようにしましょう。

温度計と目線の交わる角を垂直にして見るのは、子どもにとって意外と大変です。教師がポイントを指示して教えましょう。

◆温度計の使い方

①温度を測る時は、温度計を5本の指でしっかりと支えるように持ちます。

②目盛りを読む時は、温度計の正面（温度計と目線の交わる角度が垂直）から見ます。

③液だめに触れたり、息がかかったりしないようにします。

④液柱の先が動かなくなったら読みます。

⑤液柱の先が線と線の間にある場合は、近い方を読み、真ん中の時は上を読みます。

⑥高学年では最小目盛りの10分の1の値を目分量で読みます。

◆気温の測り方

地上からの高さが1.2～1.5m

液だめがビーカー等の液体の真ん中辺りになるように吊り下げましょう。

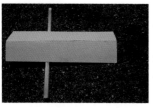

日なたの地面の温度はこのような被いをして測ります。ただ、風が吹くと飛んでしまうことがあります。

牛乳パックの側面に窓を開け、上下に穴をあけて温度計を通すと、使いやすい地表面温度計ができます。このまま持ち運びでき、重石を入れると飛びません。

で、風通しのよい日かげで測ります（温度計に直射日光を当てないようにします）。

◆水温の測り方

　水温を測る時は、液だめがビーカーなどの液体の真ん中辺りになるように吊り下げ、液柱の先を真横から読みます。温度計の液だめが加熱中の容器の底についた状態で水温を測ってはいけません。また、液体が少ししかない場合は、正しい水温は測れません。

◆地面の温度の測り方

　地面に浅い穴を掘って温度計を入れ、液だめに周りの土をかぶせ、温度が安定したら、液柱の先を真横から見ます。この時、日光が直接温度計に当たらないようにします。

やってはいけない STOP

温度計は割れやすいので、ケースに入れずに持ち運んではいけません。
温度計で土を掘ったり、地面に強引に差し込んだりしてはいけません。
温度計をガラス棒がわりにして、ビーカーなどに入った液体をかき混ぜてはいけません。

26

日なたと日かげ

日なたと日かげの地面の様子を比べながら調べよう。

ポイント

◉太陽の位置と影の関係を学びます。
◉日なたと日かげの地面の様子の違いがわかります。

準備するもの

◎温度計◎遮光板

日光が遮られると影ができることを遊びながら
実感させます。

この様子を見ると影の向きは同じと気付けます。

指さしをすることで、太陽と影の位置関係が「反
対」であることを教えます。

◆授業展開

　初めに影はどういう時にできるかを予想させた後で、外に出ていろいろな物の「影の向き」を調べさせます。だいたい同じ向きに影ができそうだということはわかりますが、場所や物が違うとはっきりわからない子どももいます。

　その場合は半分の子どもたちに直線上に並んでもらい、残りの半分の子どもたちに影の向きを見てもらうようにします。こうすると、位置や形が違っても影の向きはみな同じであることにどの子も気付けます。

　次に、自分の影を見るようにして立ってもらいます。この時、後ろの友だちの影の頭を踏むように並びます。すると、太陽を背に、前に影ができることがよ

日なたと日かげの地面をみんなで触り、感じたことを言い合うようにすると、実感が高まります。

日なたと日かげの境目を探して、左右の手で温かさや湿り具合を同時に比べるのも効果的です。校内で自由に探して観察させるのもよいでしょう。

くわかり、「影ができる時の太陽の位置」が理解できます。

その次は、直線上に並び、片手で影の頭を指さし、もう片方の手で太陽の方向を指さします。太陽を見る場合は、必ず遮光板を使いましょう。

こうした観察を通して、日かげは太陽の光を遮るとできること、太陽は影の反対側にあることを実感できます。

「日なたと日かげの地面の様子」について、見て触って、温度を測って比べてみましょう。

見るのは明るさで、触って確かめるのは温かさと湿り具合です。地面の温度については、「25 温度計の使い方」を参考にして測りましょう。

結果は表にして、日なたと日かげの様子や温度が違う理由を考え、わかったことをまとめましょう。

やっては いけない

　子どもたちは楽しんで日なたの観察をすると思いますが、長時間にならないようにしましょう。

　太陽の方を向いて立たせないようにしましょう。

　温度計を使っているので、観察中は校庭を走ってはいけません。

太陽の光を集めて利用する

太陽の光を集めると、温度が高くなる、ということは、いろいろな場面で利用されています。

燃料を使わないクリーンなエネルギー源として、太陽光の利用は今後も工夫されていくでしょう。

❶オリンピック聖火

聖火は、古代五輪発祥の地であるギリシャのオリンピア遺跡で採火されます。この時に使うのが、凹面鏡。太陽の光を一点に集め、そこに巫女がトーチをかざすことで火をつけています。

❷アルキメデスの熱光線

紀元前3世紀に、アルキメデスがローマ軍に対する武器として、太陽光を使ったという伝説があります。

侵略してくる船の一点に鏡で光を集め、船に火災を起こして撃退したというのです。

それが本当に行われたかどうかには疑問符がつきます。とはいえ、太古から太陽の光で高温をつくれることが知られていたようです。

❸太陽熱発電

アルキメデスが船を燃やしたように鏡で光を集め、その熱を使って発電をする発電所もあります。太陽熱発電といいます。

アメリカ・ネバダ州にあるクレセントデューンズ発電所では、高さ200mのタワーの先に1万枚以上の鏡で光を集め、その熱で発電しています。温度は500℃以上にすることができます。

❹太陽炉

フランス国立太陽エネルギー研究所では、さらに高い温度をつくり出しています。

たくさんの鏡を使って直径50mもある巨大な凹面鏡に光を当て、太陽光を一点に集めます。その温度は3500℃にもなります。

授業の時にホースの位置にあった、ポールの影の1時間半後の様子。

8章 ………………………………… 太陽の動き

◉これだけは押さえたい

▶ 影は、太陽の反対側にできる。
▶ 影が動くのは、太陽が動いているから。
▶ 太陽は東から昇り、南の高いところを通り、西に沈む。

◉指導のポイント

▶ 「太陽の動き」の単元では、太陽が動いて見えることと、それに伴って影が動いていることを学びます。理科の時間に観察の仕方や記入の仕方などポイントを絞って指導します。その後は休み時間を利用して1日の動きを観察させます。
▶ 理科の学習が始まったばかりの子ど

もたちには、観察・仮説・実験・考察の流れが身に付いていません。休み時間の観察の時、ちょっとした声かけをすることで、子どもの気付きが生まれます。ちょっとした気付きで観察記録が変わってきます。
▶ 繰り返し太陽と物の影の関係を観察させることによって、影の位置が太陽の位置の変化によって変わることを実感させることが大切です。

27 方位磁針の使い方

時間
30分

「方位を知る」方法と「方位を調べる」方法を区別して指導します。

ポイント	準備するもの
◉**方位磁針は、方位を知る時と、ある物の方位を調べる時で、使い方が違います。また、電磁石や磁化されたくぎのN極、S極を調べることもできます。子どもの発達に応じて、方位磁針の使い方を指導します。**	◎人数分の方位磁針 ◎方位磁針台紙（方位磁針が2つ載るくらいの長方形の厚紙で作成）◎くぎ

【方位を知る】

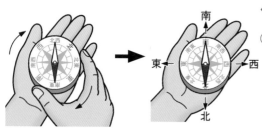

方位磁針を回して、針の色のついた方に「北」の文字を合わせる。

【方位磁針台紙】
事前に作成

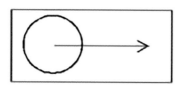

大きさは、方位磁針が2つ載るくらい

◆方位を知る

① 方位磁針の原理を説明

方位磁針の針は、北と南を指して止まります。方位磁針の針に、赤や青などの色がついた方が北です。北と南がわかれば、東と西の方位もわかりますね。

② 平らな机や手の平に方位磁針を載せて水平に保つと、針の動きが止まります。

③ 文字盤を静かに回して、針の北と文字盤の北を合わせます。

◆方位磁針台紙のつくり方

長方形の厚紙に、方位磁針の大きさに合わせた円を書き、その中心から矢印を書きます。

【方位を調べる】

方位磁針を回して、針の色のついた方に「北」の文字を合わせる。

【N極・S極を調べる】

方位磁針のS極が引き寄せられているので、くぎの頭は、N極

【狂った方位磁針の直し方】

狂っている時には、図のように棒磁石のS極を近づけると、方位磁針の針の南側が引き寄せられます。そのまま、針の上を棒磁石を北側まで移動させると修正完了です。

◆方位を調べる

① 台紙の矢印を調べようとする物の方へ向けます。
② 方位磁針の、文字盤を静かに回して、針の北と文字盤の北を合わせます。
③ 矢印と方位磁針の文字盤の合ったところ（赤円のところ）の方位を読み取ります。

※使い方に慣れてきたら、台紙の代わりに手を、台紙の矢印の代わりに中指やおへそ（体の向き）を使って調べます。

◆N極・S極を調べる

　方位磁針の針は、赤や青などの色が付いた（針の北）側がN極です。針のN極が引き寄せられれば、S極とわかります。

※磁化していない鉄にも針は引き寄せられますが、動きがほんの少しで、針の両端（N極とS極の両方）が反応するので、磁化していないことがわかります。

やってはいけない

　調べようとする時、方位磁針の近くに、磁石や鉄があってはいけません。狂ってしまうので、保管の時も含めて、方位磁針に強い磁石を近づけてはいけません。

太陽がつくる影の観察

影が動いていることを実感させます。

ポイント	準備するもの
◉実際に体感させたことを通して予想させます。 ◉多様な意見を受け入れる学級環境をつくっておきます。	◎次のような場所（❶鉄棒の影等、影を地面になぞることができるところ、❷掲揚台や高い建物等の長い影が観察できるところ）◎❷の影の長さに合わせた、長いひも（巻き尺等も可）

【授業の前に】

この授業をする前に、影遊び等を通して、
①影は、太陽の光をさえぎるとできること
②影は、同じ向きにできること
③太陽と反対側にできること
を体感させておきます。

垂直に立てた棒の影は、昼よりも朝や夕方に近い方が、動きが大きくなります。
（日時計のように地軸に平行な棒と垂直に立てた棒では、影の動きが異なります。）

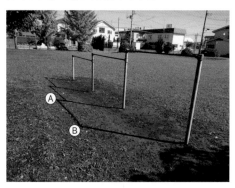

※土であれば、棒で。アスファルト等であれば、チョークでなぞらせます。
※なぞらせるときに、AやBの影の先から根元に向かってなぞらせます。

◆授業展開

1 　鉄棒の影等、影を地面になぞることができるところで、「今日は、影について勉強します。だれか、影をなぞってくれる人」と言って、鉄棒等の影をなぞらせます。

・なぞっているうちに、影が動きます。「あれ、ずれていますよ。正確に書いてください」と言って書き直させます。

・書き直しを繰り返しているうちに、子どもたちは、影が動いていることに気付きます。

○根拠をもった予想ができるようになるためには、どんな考えも受け入れる学級の雰囲気が大切です。

・まず教師が、どんな考えも否定も肯定もせずに受け止める姿勢を見せます。

・直感的に考えて、理由を説明できない子どももしだいに理由をつけて発表できるようになります。

※動いていることを確認するための目印は、「ひも」の他に、影の先端に小石を置いてもよいです。

※長い影ほど、そして影の根元より先端の方が動きが大きくなります。

2　校地のすべての影が動くのか、予想させます。この時、そう考えた理由も答えさせます。「大きな建物の影は、がっちりしているので動かないと思います」「影は太陽の光でできているので、どの影も動くと思います」

3　自分が考える、動く影、動かない影を探させます。

4　子どもが探したすべての影が動いていることを確認して、掲揚台や高い建物等の長い影が観察できるところへ移動します。そして、影の根元から先端にひもを置きます。見ている間に、時計の針のように影が動いていくのが観察できます。

5　なぜ影が動くのか予想させて次へつなげることもできます。

やってはいけない

■太陽を直視してはいけません

太陽を見る場合は、必ず遮光板を使います。

季節による棒の影の変化

地面に垂直に立てた棒の影は、太陽の動きに合わせて動きます。では、1日の影の動きはどうなるでしょう。

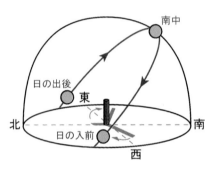

赤線のようになります。

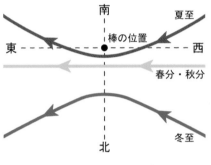

季節による日影曲線

いずれの季節でも影は、日の出・日の入りの時に、太陽と反対側に長く伸び、しだいに短くなりながら移動して、南中の時には、一番短く真北に伸びます。棒の影の先端部分を時間ごとに記録し、記録した点をつなぐと曲線を描きます。この曲線を日影曲線といいます。

夏至の太陽は、真東よりも北側から昇り、南の空を通って真西よりも北側に沈みます。影は、真西よりも南寄りに伸びていて、しだいに短くなり、太陽が南中するとき真北に伸びます。その後、だんだん長くなりながら、真東より南の方に移動します。日影曲線（棒の影の先端）は、

また、冬至の太陽は、真東よりも南側から昇り、南の空を通って真西よりも南側に沈みます。日影曲線は、青線のようになります。

そして、春分・秋分の太陽は、真東から昇り、天の赤道を通って真西に沈むので、日影曲線は、緑線のようにほぼ直線になります。

小さなシュレッダーの紙片1枚にも重さがあります。

9章 .... 重さ

◉これだけは押さえたい

▶ 物の形が変わっても、重さは変わらないこと。

▶ どんなに小さな物にでも、重さがあること。

▶ 物の大きさが同じでも、物によって重さが違うこと。

◉指導のポイント

▶ 必ず子どもたちに予想をさせ、議論させましょう。既習事項から考えることができる内容が繰り返されます。子どもたちの素朴な予想が裏切られることも多い単元です。議論のしがいがある単元です。

▶ 実際に手に持って手応えを確かめる等、重さを体感させながら進めていきましょう。はかりなどでわかりやすい結果が出ますが、それと体感とを繋げていくことも大切です。

▶ 児童実験をさせる前には、必ず十分な確認をしましょう。はかりで数値が出るため、誤った結果が出るとそれが強く印象に残ります。そのため、まず教師実験を行うことをすすめている実験が多くあります。教師実験で結果を見た後でも、子どもたちは自分たちの手で実験ができることに興味をもち、すすんで実験を行います。

29 物とその重さ

物の重さの学習の導入です。体重計の乗り方を変えたり力を入れたり
しても重さは変わらず、何かを増やさない限り重さは変わらないこと
を理解させます。

時間
1単位
時間

ポイント

◉ **物の重さは、載せ方を変えても変わりません。**
◉ **物を増やすと、その分の重さが増えます。**

準備するもの

◎体重計◎教科書等を詰めたラン
ドセル（または水が入ったペット
ボトルなど重い物）

普通に立って体重計に乗った時は「31.6kg」で
した。

体重を人に知られることを気にする子もいま
す。嫌がる子は無理に体重計に乗せず、希望する
子を募りましょう。

しゃがんで体重計に乗った時は、立って乗った
時と同じ「31.6kg」でした。

◆授業展開

1 しゃがんだ時の体重

体重計を見せます。何をする
道具かを聞き、体重（人の重さ）
を調べる道具であることを確認
します。

代表の子を、体重計に立たせ
ます。○kgと表示されている
けれど、この数字は何を表して
いる？ と聞き、乗った子の体
の重さであることを確認します。
「○kgのA君がしゃがんで体重
計に乗ると重さはどうなるか」
と質問します。

それぞれの考えを聞き、結果
を確かめます。しゃがんで乗っ
ても始めと同じ重さです。

代表以外の子も1人1人体重
計に乗り、立った時しゃがんだ
時の重さを比べさせます。

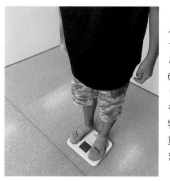

ぐっと力を入れながら乗っています。この時も「31.6kg」です。乗り方を変えても乗っている物が同じなら重さは変わりません。

しゃがんだり力を入れたりしていると、自分で目盛りを読むことが難しいため、教師が目盛りを読みます。

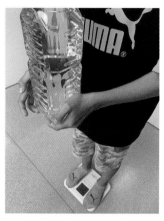

写真はペットボトルを持って乗った様子。「33.7kg」になり、物が増えた分（2.1kg）重くなることがわかります。

② 力を入れた時の体重

次に、「〇kgのA君がぐっと力を入れて体重計に乗ると重さはどうなるか？」と質問します。

それぞれの考えを聞き、結果を確かめます。乗って力を入れても始めと同じ重さです。代表以外の子も１人１人体重計に乗り、力を入れた時の重さと比べさせます。

最後に今日したことやわかったことをノートに記録させます。

興味がある子には、トイレの前後・給食の前後など物の出入りがある時の体重変化を調べさせても面白いです。

③ つけたしの実験　ランドセルを背負った時の重さ

「〇kgのC君がランドセルを背負って体重計に乗ると重さはどうなるか？」と質問します。

「増える。重くなる」と答えるので、どれだけ重くなるのかを聞き、ランドセルの重さ分増えることを確認して確かめます。

学習の
まとめ

しゃがんだり力を入れたり乗り方を変えても、体重は同じでした。５kgのランドセルを背負うと、５kg増えました。

30 粘土の形と重さ

粘土の形が変わっても重さが変わらないことを学びます。前項の体重計の学習を使って考えた発言を取り上げたいものです。

時間 **1**単位時間

ポイント

◉どんなに形に変わっても、物の重さは変わりません。
◉前時の学習内容（**29**）から予想させます。

準備するもの

◎電子てんびん（キッチンスケール）◎油粘土

初めの粘土の重さ

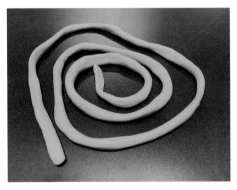

形を変える時は、できるだけ細く長くし、最初の形から大きく変化させます。

◆授業展開

1 課題を出す

　直方体の粘土を見せます。電子てんびんに載せ、表示されている数字を見せます。「この数字は何を表している？」と聞き、粘土の重さであることを確かめます。

　次に、電子てんびんから下ろした粘土を細長く変形させます。「粘土はどうなった？」と問い形を答えさせた後、「細長くなった粘土は、形を変える前と比べて重さはどうなったか？」と課題を出します。

2 予想の発表と討論

　ノートに予想とその理由を書かせ、発表させます。「変わらない」と考える子は、人の体も形が変わっても同じ重さだった

82

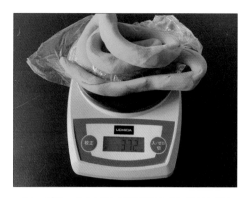

ラップフィルムははかりを汚さないために敷いています。始めの形の時に載せていた物は、形を変えた後も載せて一緒に測ります。

形を変えても重さは変わっていません。

教師実験でたしかめたあと、子どもにも同様に実験させます。

「形を変えても重さが変わらなかったが、重さを変えるにはどうしたらいい？」と問うと、「増やしたり減らしたりしたらよい」と答えます。

ちぎった粘土を一部取り除くと重さが減ることがわかります。

もし児童実験で重さが軽くなる結果が出た場合でも、軽くなったのは載せる粘土が少し減ってしまったからであることがわかります。

と考えます。「軽くなる」と考える子は、細い物は軽く感じるから、と考えます。「重くなる」は少数ですが、細くなった分長くなったから、重くなると考えます。お互いの考えを元に議論させます。形が変わったことで重さが変わるのか変わらないのかを話の中心とします。意見が出るようなら、子どもたちの生活経験も根拠にさせるとよいでしょう。

③　確かめ

子どもを集め、結果を確かめます。細長い粘土を電子てんびんに載せても始めと同じ重さです。

◆実験用のはかり（電子てんびん）について

感量（はかりが測れる最小の重さ）は整数まで表示されるはかりを使います。電子てんびんがない場合は家庭科室のキッチンスケールを使用してもよいでしょう。

学習の
まとめ

体重の時と同じように、物が出ていったり入ったりしていないのなら、形が変わっても重さが変化することはありません。

31 アルミニウム箔の形と重さ

アルミニウム箔の形が変わっても重さが変わらないことを学びます。
前項までの体重計の学習や粘土の学習を使って考えることができます。

時間
1単位
時間

ポイント	準備するもの
◉形を変えて、まるで様子が変わっても、物の重さは変わりません。 ◉前時までの学習内容（**29 30**）から予想させます。	◎電子てんびん ◎アルミニウム箔

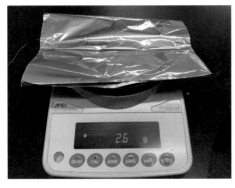

初めのアルミニウム箔の重さ

アルミニウム箔はできるだけ小さくなるように、体重をかけぎゅうぎゅうに押しつぶします。

◆授業展開

1 課題を出す

　広がったアルミニウム箔を見せます。電子てんびんに載せ、表示されている数字を見せます。「この数字は何を表している？」と聞き、アルミニウム箔の重さであることを確かめます。

　次に、電子てんびんから下ろしたアルミニウム箔を丸めます。「丸くなったアルミニウム箔は、形を変える前と比べて重さはどうなったか？」と課題を出します。

2 予想の発表と討論

　ノートに予想とその理由を書かせ、発表させます。「変わらない」と考える子は、粘土や人の体も形が変わっても同じ重さだったと考えます。「重くなる」

84

薄く広がっていたアルミニウム箔が小さなかたまりになりました。

と考える子は、ひとかたまりにまとまったから、と考えます。「軽くなる」は少数ですが、見た目が小さくなった分軽くなると考えます。お互いの考えを元に議論させます。形が変わったことで重さが変わるのか変わらないのかを話の中心とします。意見が出るようなら、子どもたちの生活経験も根拠にさせるとよいでしょう。

③ 確かめ

　子どもたちを集め、結果を確かめます。固めたアルミニウム箔を電子てんびんに載せても始めと同じ重さです。

押し固める前の重さと変わっていません。
　教師実験で確かめた後、子どもたちにも同様に実験させます。いきなり児童実験をしてはいけません。粘土よりミスが少ない実験ですが、結果次第で形が変わると重さが変わる、と誤った認識を持つ可能性があります。

学習の
まとめ

アルミニウム箔も形を変えて重さが変わるかどうか調べました。固めて重くなったような感じがしたけれど、粘土と同じように重さは変わりませんでした。形を変えても物の重さは変わらないことがわかりました。

9
重さ

32 せんべいの形と重さ

せんべいの形が変わっても重さが変わらないことを学びます。
小さい物にも重さがある、という学習の伏線にもなる内容です。

時間
1単位
時間

ポイント

◉どんなに細かくしても、重さはなくなりません。
◉前時までの学習内容（**29〜31**）から予想させます。

準備するもの

◎電子てんびん◎ソフトせんべい◎木づち◎チャックつきビニール袋

初めのせんべいの重さ

　くだいたせんべい。一粒一粒の大きさがわからないくらい細かくできるとベストです。どのくらい細かくなったのか子どもに確認させます。

◆授業展開

1　課題を出す

　せんべいを見せます。電子てんびんに載せ、表示されている数字を見せます。「この数字は何を表している？」と聞き、せんべいの重さであることを確かめます。

　次に、電子てんびんから下ろしたせんべいを木づちでくだきます。袋がやぶれてせんべいのかけらが出ないよう注意します。「せんべいはどうなった？」と問い、形を答えさせた後、「粉々になったせんべいは、形を変える前と比べて重さはどうなったか？」と課題を出します。

2　予想の発表と討論

　ノートに予想とその理由を書かせ、発表させます。「変わら

86

くだいたせんべいの重さ。始めに教師実験で結果を確認してから児童実験を行いましょう。

いきなり児童実験をしてはいけません。中身が出て重さが変わると、誤った認識をもたせてしまいます。

中身を減らせば重さは変わります。

ない」と考える子は、アルミや粘土や人の体も形が変わっても同じ重さだったと考えます。「軽くなる」と考える子は、かけら１つ１つが小さく重さはなくなる、と考えます。「重くなる」と考える子はほとんどいません。お互いの考えを元に議論させます。小さいせんべいのかけらにも重さがあるのかを議論の中心にします。意見が出るようなら、子どもたちの生活経験も根拠にさせるとよいでしょう。

3 確かめ

子どもたちを集め、結果を確かめます。くだいたせんべいを電子てんびんに載せても始めと同じ重さです。

4 つけたしの実験

どうしたら重さが変わるのか、と問います。物を増やしたり減らしたりすることで、重さが変わることを確認し、特別にせんべいの中身を減らして調べてよいことを伝えます。

学習のまとめ

せんべいが粉々に小さくなっても、増やしたり減らしたりしない限り重さは変わりません。きっと、せんべいの小さなかけらにも重さがあるのでしょう。

33

小さな紙の重さ

手で重さを感じないような小さな物にも重さがあることを学習します。

ポイント

◉どんなに小さな物でも、重さがあります。
◉前時までの学習内容（**29**～**32**）から予想させます。

準備するもの

◎電子てんびん◎上質紙
◎穴開けパンチ◎ストロ
ーてんびん（**34**参照）

上質紙1枚の重さ

てんびんは「0g」の表示です。

◆授業展開

1 課題を出す

上質紙を見せます。電子てんびんに載せ、表示されている数字を見せます。「この数字は何を表している？」と聞き、上質紙の重さであることを確かめます。

次に、上質紙を穴開けパンチでパンチし、できた丸い紙を電子てんびんに載せます。表示は「0g」であることを確認し、「パンチでできた紙1枚に重さは無いのか？」と課題を出します。

2 予想の発表と討論

ノートに予想とその理由を書かせ、発表させます。「重さはない」と考える子は、紙はとても小さくて持っても重さを感じない、と考えます。「重さはある」

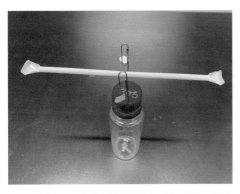

重さがあるのなら紙を載せた皿が下がり、重さがないのなら紙を載せた皿は下がらないことを確認して実験します。

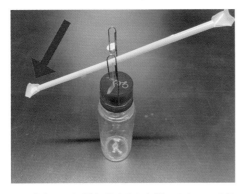

写真左の皿に紙を載せると左側のストローのうでが下がります。

と考える子は、１つ１つの紙に重さがなかったら紙全部の重さもなくなってしまう、と考えます。また、せんべいの小さな粉にも重さがあったのだから、小さな紙１枚にも重さがある、とも考えます。お互いの考えを元に議論させます。

③ 確かめ

結果を確かめます。今回は学校にある最も精度のよいはかりを使うことを伝え、ストローてんびん（つくり方は**34**）を見せます。教師実験で確かめます。

この学習をすると、子どもたちは「他の小さな物にも重さがあるのか？」という疑問をもちます。各自ストローてんびんをつくり、重さがなさそうな小さな物（消しゴムのカスや髪の毛など）にも重さがあることを調べさせてもよいでしょう。

小さな紙をてんびんに乗せても０ｇでした。小さいと重さはないのかも、と思ったけれど、ストローてんびんに載せると載せた方が下がりました。小さな物にもちゃんと重さがあることがわかりました。

34

ストローてんびんの つくり方

重さがあるように感じない小さい物にも重さがあることを調べる「ストローてんびん」をつくります。

ポイント

- ◉どんな物にも重さがあることを、簡単な手づくりてんびんで実験できます。
- ◉物に重さがあることは、子どもには自明ではありません。

準備するもの

◎ストロー◎まち針 ◎ゼムクリップ2つ ◎はさみ◎ペットボトル◎セロハンテープ◎ビニールテープ

はさみをさしこみ、 切り開きます。

ストローの径の半分 まで切れ込みを入れ て開きます。

開いた皿の部分を 折り返すと、載せ た物が落ちにくく なります。

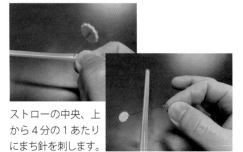

ストローの中央、上 から4分の1あたり にまち針を刺します。

◆つくり方

[1] ストローの両端に切れ込みを入れ、皿をつくります。

まず、ストローに平行にはさみをさしこみ、1・2cmほど切り開きます。

次に、ストローに垂直に刃を入れ、ストローの径の半分まで切れ込みを入れ、平らに開きます。

[2] 支点をつくります。ストローの中央にまち針を刺します。てんびんの重心を針より下にしないと後で調整が大変です。針はストローの上から4分の1のあたりに刺します。針のとがっている部分でけがをしないように、ビニールテープで包みます。

[3] うでをかける台をつくります。ゼムクリップの外側の針金

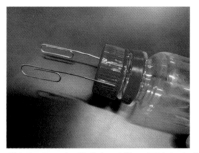

ゼムクリップの針金をのばして固定します。

うでが上がる方のストローに小さく切ったテープを貼ります。貼る場所や貼る量を調節します。

手で持っても重さを感じないような髪の毛などでも、載せると載せた方の皿が下がります。

をのばし、ペットボトルのふたの部分にセロハンテープで固定します。

　クリップにストローを刺したまち針を載せて完成です。

◆調整方法

　左右の皿が水平にならない場合は、下がっている方の皿をわずかに切り取るか、上がっている方の皿に小さなセロハンテープを貼り、水平になるようにします。

　消しゴムのカスや髪の毛など、持っても重さを感じないような物にも重さがあることを確かめます。載せると、載せた方の皿が下がり、重さがあることがわかります。

<参考文献>
『たのしい理科教室　②物質をさぐる』毎日新聞社　田中実監修
『教科書よりわかる理科　４年』合同出版　江川多喜雄監修

9
重さ

やっては いけない

■針をぞんざいに扱うこと
　針は人数分だけ消しゴムに刺して配るなどしましょう。

35 同じ体積で重さが異なる物

同じ大きさの物でも重さが違う物があることを学習します。
上皿てんびんの使い方を習熟することに時間をかけます。

ポイント	準備するもの

◉同じ大きさの物でも、種類によって重さが違います。
◉上皿てんびんの使い方も、あわせて身に付けさせましょう。

◎物の重さ実験セット◎上皿てんびん（または簡易大型てんびん）◎使い捨ての手袋

複数の物質がセットになっています。比較させるなら多くの種類が入っている物がよいでしょう。

上皿てんびんを使用しない時は、皿を片方に載せておきます。

◆授業展開

1 課題を出す

物の重さ実験セットの直方体を複数見せます。どれも大きさが同じであることを確認し、「同じ大きさのブロックはどれも同じ重さか？」と課題を出します。

この時点では、見せるだけで、まだ触らせません。

2 予想の発表と討論

ノートに予想とその理由を書かせ、発表させます。「重さは同じ」と考える子は、どれも同じ大きさだから、と考えます。「重さは違う」と考える子は、それぞれ違う物でできているから、と考えます。お互いの考えを元に議論させますが、あまり根拠がはっきりしていないため、時間を多くかけません。

皿を両側に載せ、水平になる（針の振れが左右同じだけになる）ことを確認します。水平にならない場合は、調節ねじを回して水平にします。

重さを量る物を利き手の反対の皿に載せます。分銅は利き手側の皿に載せます。重い分銅を載せ、載せた皿が下がったら分銅を次に重い分銅と交換します。載せた皿が上がったままなら、もう1つ分銅を載せ、水平になるまで繰り返します。
ピンセットが上手に使えない場合は、使い切りの手袋をして分銅を手で載せてもよいでしょう。

③　確かめ

　児童実験でたしかめます。それぞれの物の重さが同じなのか違うのか、数字で表すため上皿てんびんで何gなのか調べさせ、ノートに記録させます。

　それぞれの重さを具体的に調べない場合は、左右の皿に別のブロックを載せ、どちらかに傾くかどうかを調べさせます。

　上皿てんびんを初めて使う場合は、使い方を教えます。

　てんびんが水平になった時に、皿に載っている分銅の重さを全部足した数が、量る物の重さです。

9
重さ

学習の
まとめ

同じ大きさのブロックでも物によって重さがちがうことがわかりました。鉄はとても重かったけれど、木はとても軽かったです。

重さはごまかせない

18世紀のフランスに、ラボアジェという科学者がいました。ラボアジェは「質量保存の法則（化学反応の前と後で物質の総質量は変化しない）」を発見したこと等で有名な科学者です。

ラボアジェの本業は、国王の代わりに徴税を行う徴税請負人でした。ラボアジェは、ある時「人口の割に税額が少なすぎる」ということに気がつきます。当時、パリ市に入ってきた物品には税がかけられていました。しかし、その税額と人口が釣り合わないのです。

1人が1年間に食べる穀物の最低量は大体決まっています。その量に人口をかけると、パリ市の最低穀物消費量がわかります。最低限得られるはずの税額も計算できます。

実際の税額は、計算の80％程度でした。税額が正しいのであれば、パリ市では毎年20％が餓死することになってしまいます。

課税された穀物の量（重さ）が、パリ市内で増えてしまうということはありません。重さは場所を変えても同じです。パリ市民が食べる穀物の重さが増えてい

るなら、その分が別に入ってきているはずです。重さが保存されることを応用して、脱税を見抜いたのです。

ラボアジェは、パリ市をぐるりと城壁で囲むことを国王に提案しました。物の出入りを完全に管理できれば、脱税はできなくなるからです。そして、高さ3m、周囲30kmの壁が完成しました。この結果、税収は大幅に増えたといいます。

その後フランス革命が起き、徴税請負人は「王の手先になって市民を苦しめていた」として革命政府に全員逮捕されました。科学者として素晴らしい発見をいくつもしていたラボアジェですが、残念ながら処刑されてしまいました。

ラボアジェの提案でつくられた城壁は革命後に取り壊され、今では徴税のために使われた門が4つ残されているだけです。

電球をソケットに入れて電池につなぐ回路だけではなく、違う方法の回路もできます。

10章 ……………………… 電気と金属

◉これだけは押さえたい

▶ 輪のようになった電気の通り道を回路ということ。

▶ 豆電球に明かりをつけるにはどうすればよいかを知ること。

▶ 金属は電気を通すこと。

▶ 豆電球を使ったおもちゃづくりをすること。

◉指導のポイント

▶ ソケットつき豆電球の導線を、乾電池の＋極と－極につなぐと、簡単に豆電球に明かりをつけることができます。

▶ 次に、「ソケットを使わずに明かりをつけよう」という課題で、豆電球と乾電池、それと適当な長さに切った導線2本を与えてチャレンジさせましょう。これがクリアできたら、「導線1本で明かりをつけよう」という上級コースを用意すると、子どもたちの意欲は高まります。

▶ そこで、再びソケットと豆電球に注目させ、ソケットと豆電球の中には光を出すフィラメントにつながる電気の通り道（回路）があることを確認します。

▶ また、豆電球を使ったおもちゃづくりをすると、電気を通す物（金属）と通さない物（非金属）のこともよくわかるようになります。

豆電球回路の
つくり方

豆電球に明かりをつけるには、「回路」が必要です。

時間
2単位
時間

ポイント	準備するもの
◉回路づくりにチャレンジし、豆電球に明かりをつけましょう。	◎豆電球◎導線つきソケット◎マンガン乾電池◎セロハンテープ◎書画カメラ◎モニター

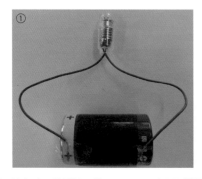
①

極ではなく、乾電池の横の＋、－の表示に導線を
つなぎます。

②

＋極と、極でなく－の
表示部分を導線でつな
ぎます。

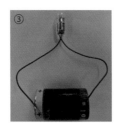
③

－極と、極でなく＋の
表示部分を導線でつな
ぎます。

（実験に使う豆電球は1.5V規格の物が明るくつき
ます。2.5V規格でもできます。）

◆授業展開１

　まず、豆電球、ソケット、乾電
池とその＋極－極を教えます。

　次に「次の場合、豆電球に明
かりはつくでしょうか」と問い
ながら、写真のようなつなぎ方
の例（①〜⑤）を順番に書画カ
メラで写していきます。その際、
明かりがつくと思えば○、つか
ないと思えば×をノートに書く
ように指示します。

　書けたら、子どもたちに①②
③を写真と同じようにつない
で、答え合わせをさせます。
「では、どのようにつなぐと豆
電球に明かりがつくのか、乾電
池、＋極、－極、豆電球という言
葉を使って説明しましょう」と
言ってノートに書かせます。

④

銅線が－極に金属とつ
ながっていません。

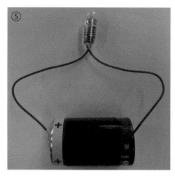

⑤

ソケットに豆電球が正しくねじこまれていません
（ゆるんでいる。曲がってねじこまれている）。

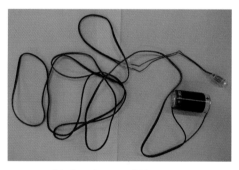

豆電球と乾電池の間の導線を長くした例

◆授業展開２

「ところで、④⑤は、正しい回
路ができているようなのに、豆
電球が点灯しませんでした。そ
れはなぜでしょうか。もう一度
よく見て、その理由を班で相談
してください」と言い、班の考
えをミニホワイトボードか発表
用紙に書かせます。

　その後、正解を発表していき
ます。これらは、「正しい回路
ができているのに、豆電球がつ
かない」と子どもたちがよく言
う例だということを教えます。

　最後に、「導線を長くしても
豆電球に明かりはつくでしょう
か」と聞いて、予想をさせてか
ら実験をしてみましょう。

学習の
まとめ

豆電球と、乾電池の＋極と－極が１つの輪
のようにつながり、電気の通り道ができる
と、導線を長くしても豆電球に明かりがつ
きます。この電気の通り道を「回路」とい
います。

37 金属の見分け方

金属には必ず金属光沢があります。
まずは、金属の見分け方をはっきりさせます。

ポイント

◉金属は光っています。
◉そのことを言語化します。

準備するもの

◎金属数種類◎紙やすり◎アルミニウム箔

左から、鉛、マグネシウム、スズ。それに、銅板とアルミニウムの板。

鉄くぎを使ってもよいですが、さびは必ず削り落としておきましょう。

◆授業展開

　金属を数種類見せながら、金属かどうかを聞いていきます。もしその金属の表面がさびていたら、必ず事前に紙やすりできれいにしておきます。

　最初は、アルミニウムの板等、銀色で紙よりも厚みのある物がよいです。「金属＝鉄」と思っている子もいるので、鉄と鉄以外の銀色の金属を用意しておきましょう。

「見ただけで、これが金属だと思ったら、手を挙げましょう」

　手を挙げたのを確認したら、「これは、○○という金属です。次に、これは金属でしょうか」と、次々に見せていきます。

　解説はしません。

十分な金属がない場合には、「金属板セット」
（3000円程度）を購入する等の準備をします。

提示する金属は、なるべく大きい物がよいです。

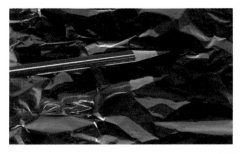

「重い」「堅い」のような意見が出されたら、「見
ただけでわかるかなあ」とゆさぶりをかけます。
　そのうちに、「光っている」ということに気付
く発言が出てきます。みんなが賛成するか確かめ
て、まとめます。金属独特の艶のことを「金属光
沢」ということを知らせます（覚えさせる必要は
ありません）。

　５種類くらい見せていくうち
に、大方の子は金属かどうか判
断できます。そうなってからア
ルミニウム箔を提示します。ア
ルミニウム箔はうすく柔らかい
ので、金属ではないと思ってい
る子がいるのです。
「これは、アルミニウムという
金属です」と明確に示します。
　ガラスの板も提示してみまし
ょう。子どもたちは判断できる
でしょうか。
「これはガラスです。金属では
ありません」
　ここまで８割ぐらいの子ども
たちがわかるようになったら、
発問します。
「実験もしないのに、見ただけ
で金属かどうかわかったね。そ
の秘密を教えてよ」

学習の
まとめ

アルミニウム、鉄、亜鉛、銅等、いろいろ
な金属があります。金属には見ただけでわ
かる秘密があります。それは、ピカピカ光
っていることです。うすい紙のようなアル
ミニウム箔も、光っているので金属だとわ
かります。

38 金属はすべて 電気を通すか

金属光沢を見たら、電気を通す物だと見通しがもてるようにします。
金属は金属光沢だけでなく、電気をよく通します。

時間 **1** 単位時間

ポイント	準備するもの
◉金属は光っています。 ◉金属は電気を通します。	◎金属数種類（鉄、アルミニウム、銅は最低限用意したいです）◎豆電球◎乾電池

金属を提示する時には、必ず金属光沢が見えるようにします。はっきりしない時には、表面を紙やすりで磨きましょう。

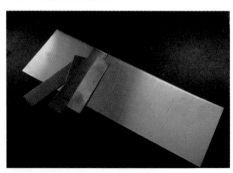

スチールウールも鉄として使えます。

◆授業展開

くぎを提示して、「これは、鉄という金属です。電気を通すと思いますか」と問います。挙手で予想を確認し、教師が実験します。電気を通します。

「鉄の他に、アルミニウム、銅、亜鉛、鉛、ステンレス、真鍮を用意しました」と、用意した金属を見せながら説明します。

「これらの金属は、すべて電気を通すでしょうか。それとも、通さない物もあるでしょうか」

・「すべて」「例外あり」、この2つのどちらかで予想を立てさせます。

・鉛が例外かもしれない。

・金属光沢がどれにもあるので、全部通す。

表面の黒い鉛は、事前に教師が融かして固めておくと、ピカピカの銀色になります。

それらの金属を使って班ごとに実験です。結果を書き込む表を板書しておきましょう。子どもたちに書き込ませます。

	鉄	アルミニウム	銅	鉛
1班	○			
2班				

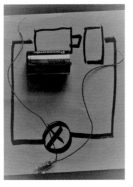

班ごとに、どう回路をつくればよいのか書いた図を渡しておくと、実験がスムーズになります。

しっかり押さえることができれば、すべて通します。

ここで、金属には金属光沢という共通の特徴があるけれど、電気を通す特徴もあるか、という内容の話し合いができることを期待します。

実験する前に、ハンカチを持っているか確認して、終わった後に手洗いすることを約束して実験を始めます。

実験に時間差が出るので、終わった班には、「教室にある金属光沢がある物を調べてみよう」と発展課題も出しておきます。

実験が済んだら、使った金属と器具を元に戻してからノート作業です。金属類は確実に回収し、手洗いの様子を見届けます。

※ニッケル等、アレルギーの出る可能性のある物は提示しないようにします。

学習の
まとめ

電池と豆電球の間にいろいろな金属をつなぎました。鉄、アルミニウム、銅、亜鉛、鉛、ステンレス、真鍮は、みんな電気を通し豆電球が光りました。はさみの光っているところも！ 金属は電気を通すと思いました。

39 金属を見つけよう

金属光沢を手がかりに、身の周りの物から金属を探します。
一見プラスチックに見えても、金属光沢が手かがりとなります。

時間
1単位
時間

ポイント	準備するもの
◉金属は光っています。 ◉金属は電気を通します。 ◉それらを活用して考えます。	◎DVD-R◎はさみ◎豆電球◎乾電池

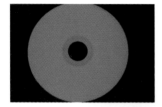

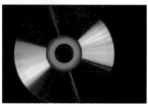

DVD-Rには、金属光沢のように見える面があります。それは金属なのでしょうか。

DVD-Rをはさみで切って解剖します。

◆授業展開

　DVD-Rの両面を子どもたちに見せます。特に、キラキラしている面をよく見せます。よく見せてから課題を提示します。「DVD-Rには、金属が使われているだろうか」ノートに課題と自分の考えを書かせます。すると、このような意見が出るでしょう。

「金属が使われている。ピカピカ光っているから」

「使われていない。光っているけど、金属の色とは違う」

「色のついている金属というわけではなく、紙やすりでジュースの缶のように磨けば銀色になるのだと思う」

　それでは実験です。まず、DVD-Rを紙やすりで磨いてみま

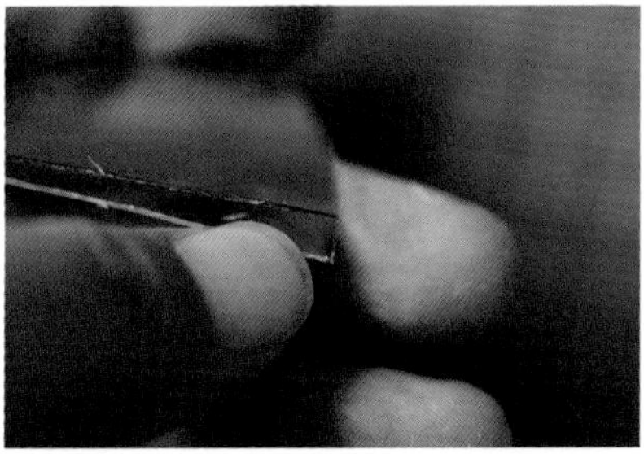

曲げたり、はさみで切ったところに爪を入れたりすると、２枚に剥がれます。

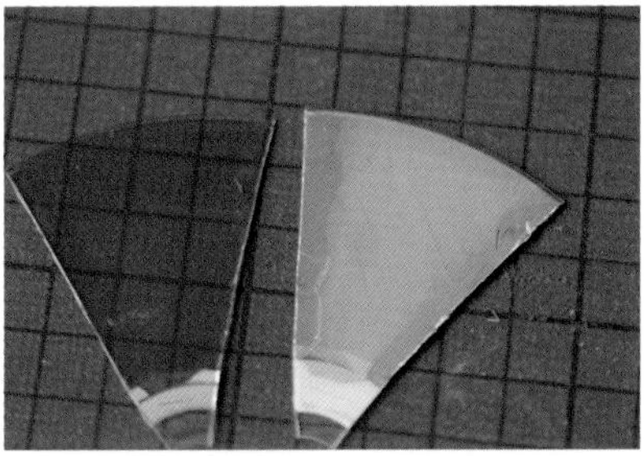

銀色に光る方が電気を通すか調べます。

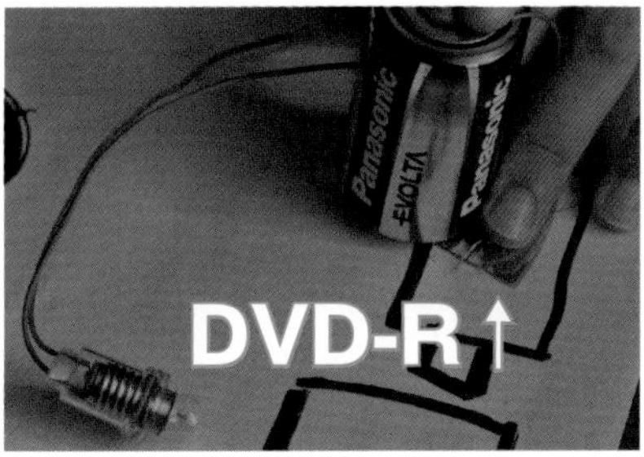

通しました。＋極側にDVD-Rを当てるようにするとうまくいきます。

す。傷がつくだけで変化はありません。電気も通しません。

そこで、「DVD-Rを解剖してみよう」とはさみを持ち出します。DVD-Rを８等分にします。爪でこじ開けると、２枚に分かれます。そのうちの１枚が、銀色です。

子どもは、その銀色の方が金属だと言うので、問います。

「どうやって金属かどうかを確かめようか」

ここは、意見の言いたい子に発表させます。

「金属光沢でわかります」

「電気を通すのも金属だから、それでわかります」

それを受けて、電気が通るかどうかを豆電球で調べます。

学習のまとめ

DVD-Rを切って２枚に剥がし、ピカピカしている方が電流を流しました。だから、金属です。ピカピカしているかに目を向ければよいとわかりました。

40 ソケットなしで明かりをつける

豆電球に明かりがつくように、回路を考えましょう。

時間
1単位
時間

ポイント

●豆電球をよく観察します。
●導線2本で回路をつくります。
●導線1本で回路をつくります。

準備するもの

◎豆電球（1.5V規格が明るい）◎ソケット◎マンガン単一乾電池（立つので扱いやすい）◎導線2本◎セロハンテープ◎両面テープ

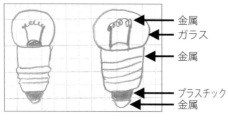

金属
ガラス
金属

プラスチック
金属

児童が書いた豆電球のスケッチ。

いろいろ試しましょう。
乾電池と豆電球は動かないように、セロハンテープを丸くして机に貼り付けます。

◆授業展開

　まず、豆電球をよく観察し、ノートにスケッチさせます。その際、何でできているか（素材）も書かせるようにします。また、ソケットの中もよく見せると、次の学習のヒントになります。

　次に乾電池を渡し、豆電球と乾電池だけで、明かりがつくか試させます。どうやってもつかないことを確認したところで言います。

「では、導線を2本使って豆電球に明かりをつけてみましょう。豆電球の観察とソケットを使った時のことを参考にしてみましょう」

　子どもたちはすぐに2本の導線の一端を乾電池の両極にセロハンテープで貼りつけ、もう一

この場合はショート回路になるので、豆電球がつかなかったらすぐに止めます。

どことどこがつながると、豆電球に明かりがつくか、よく見て絵を描きます。教え合うのもいいですね。

導線の一端を、豆電球のどこかに接触させるようにします。乾電池の＋極に触れると、ここでもショート回路になります。

「ショート回路」とは、乾電池の＋極と－極を直接導線等で結んだ回路のことです。抵抗が小さいので大きな電流が流れ、発熱してしまいます。

端を豆電球の一部に接触させ始めます。この時、次のような注意をします。

「2つの導線が直接くっつかないようにしましょう。くっつくと、ショート回路ができて、急に熱くなるからです」

豆電球と乾電池を机に両面テープで貼っておくと実験しやすいです。また、単芯の導線だとショート回路になりにくいです。より線は太いので誤って接する可能性が高いので、より注意が必要です。

豆電球に明かりがつけられたら、ノートに絵を描かせましょう。

「では、最後はチャレンジコースです。導線を1本だけにして、豆電球に明かりをつけてみましょう。先生は4つできたよ」と言って、やる気を高めましょう。

やってはいけない STOP

　アルカリ電池を使うと、ショート回路になった時に火傷をするほど熱くなってしまいます。マンガン電池を使うと、発熱があまり大きくなりません。
　乾電池に導線だけをつないではいけません。ショートして触れられないほど熱くなります。もし、熱くなったら、すぐに導線と乾電池を外します。
　ビニル被覆を取った導線同士が接触しないように気をつけます。

41

豆電球とソケットがつながる回路を想像する

電気が流れる回路を、これまでの学習をもとに、
その見えない部分を考えましょう。

ポイント

◉ 豆電球の中にもフィラメントにつながる回路があることを知ります。

準備するもの

◎豆電球◎虫眼鏡◎豆電球の絵◎ソケット◎金づち◎書画カメラ◎大型テレビ（プロジェクター、スクリーン）

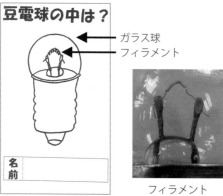

豆電球の中は？

ガラス球
フィラメント

名前

フィラメント

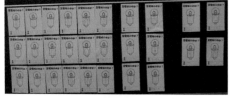

豆電球の見えない部分の図の類型化

発表（説明）の様子

◆授業展開

まず、豆電球を虫眼鏡を使って中をよく観察させます。同時に教師も黒板に絵を描き、ガラス球とフィラメントという名前、フィラメントとは光を出す部分だということを教えます。

次に、これまでの学習をふり返り、「回路ができると明かりがつくこと」と「ソケットなしでも明かりがついたこと」を確認します。

そして、「豆電球の中で、フィラメントは見えない部分でどのようにつながって回路をつくっているか想像してみましょう」と問いかけ、豆電球の絵が描いてある紙を配ります。

提出された想像図を類型化しながら黒板に貼り、考えた理由

書画カメラで写して見せます。

導線のつながりを確認

ソケットの内側

正解の図を提示して、豆電球とソケットの実物と比べて、確認させましょう。

が言える子に言ってもらいます。

その後、答えを確認しますが、「豆電球の見えない部分がどのようにつながっているかのヒントはソケットにあるのです」と言って、ソケットに注目させます。

ソケットを台の上に置き、金づちで軽く何回かたたきます。

口金のギザギザ辺りのプラスチック部分が割れて外れると、2本の導線が豆電球の横と下に当たる部分にハンダ（金属）づけされているのがはっきりわかります。

したがって、フィラメントから出る2本の線は、1本は横に、もう1本は下につながる絵を描いた子が正解となります。

ここでは、正解した子だけでなく、発表した子はもちろん、自分の考えを描いた全員をほめましょう。

やってはいけない STOP

分解したソケットの中身を見せるだけではいけません。理科では結果だけでなく、過程も大切なので、ソケットを分解する時は書画カメラ等を使ってその様子を映し出します。子どもたちは自分の席で安全に見ることができるようにしましょう。

42

豆電球を使った
おもちゃをつくろう

光るUFOをつくって、豆電球がついたり消えたりするようにしましょう。

時間
2単位
時間

ポイント	準備するもの
◉豆電球は回路ができた時に光ります。 ◉UFOがピカピカする工夫を考えます。 ◉2つの丸めた導線が金属に触れて回路ができた時、光ります。	◎ペーパープレート（直径15cm）◎ペーパーボウル（同10cm）◎豆電球・ソケット◎単三電池◎電池ボックス◎カッターナイフ◎セロハンテープ◎油性ペン◎コンパス◎アルミニウム箔◎ストリッパー◎両面テープ

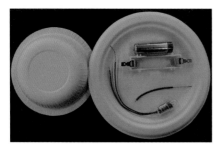

材料（1.5V規格豆電球を使うと、明るくついて楽しいです。）

ストリッパー
（百円ショップでも
買えます。ニッパー
より使いやすいで
す。）

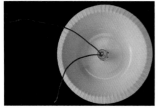

つくり方③
ソケットを差
し込みます。

机の上では光らないのにアルミニウム箔の上に置くと光るＵＦＯになる理由を考えます。各自でＵＦＯをつくって、動かすとピカピカ光る工夫をして楽しみます。

◆つくり方

　事前に教師がストリッパー等を使い、導線つきソケットの導線を半分（10cm程度）に切り、その一方の被覆を2cm程度、もう一方は5mm程度むきます。切り取った導線の1本を使い、一端の被覆を2cm程度、もう一端5mm程度をストリッパーでむいておきます。

①ペーパーボウルとペーパープレートにお絵かきをします。

②ペーパーボウルの底にソケットを差し込むための切れ込み

つくり方④ 導線がより線の場合はよくよってから、写真のように穴を通して巻きつけます。

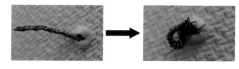

つくり方⑧ 穴から出した導線

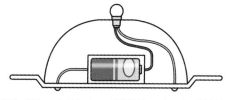

下に出た、丸めた2つの導線がスイッチの役割をする。

をカッターナイフで入れます。

③その底から豆電球をつけたソケットを差し込みます。

④電池ボックスに乾電池を入れて、一方の極にソケットの2cmの導線を結びつけます。

⑤電池ボックスの残った極に、その導線を結びつけます。

⑥電池ボックスの裏に両面テープをつけて、ペーパープレートの内側に貼りつけます。

⑦ペーパープレートの底に、コンパスで対角線に穴をあけます。

⑧5mmの導線をコンパスの穴からそれぞれ出して丸めます。

⑨その内側の導線はセロハンテープでとめて、外れないようにします。

⑩ペーパープレートにボウルをかぶせて、セロハンテープでとめます。

⑪アルミニウム箔にシール等を貼って、その上をUFOを動かし、豆電球がついたり消えたりすることを楽しみます。

やってはいけない

■より線のよりや結線を子どもに任せきりでつくらせること
この点が失敗の原因となります。

金属の４つの性質

この単元で、金属には「電気をよく通す」という性質があることを学びます。でも、金属の性質はそれだけではありません。金属は、電気をよく通すという事を含めて、４つの共通した性質をもっています。

❶特有の光沢を持つ

この本でも紹介されていますが、金属は磨くと特有の光沢（金属光沢）が出ます。子どもたちの目にもわかりやすく、見た目で金属であることがわかります。

この光沢を生かして、鏡や装飾品などがつくられています。

❷熱をよく伝える

鍋やフライパンといった調理器具は、大抵金属でできています。これは、金属がとても熱を伝えやすいためです。

特に銀やアルミニウムは熱をよく伝え、アルミニウムでつくったスプーンが硬いアイスを食べやすいスプーンとして売られています。スプーンを持つ手の体温が伝わって、アイスを溶かしてくれるのです。

❸のびたり広がったりする

金属は、引っぱるとのび、たたくと広がる性質があります。

それを利用した代表例は、金箔です。何度もたたいて伸ばしていくと、約0.0001mmにまでうすくすることができます。１㎤の金は、約10㎡（６畳程度）の金箔になります。

日本刀や包丁のように、材料の鋼を何度もたたいてつくる刃物も、この性質を使っています。

社会科で見学に行く自動車工場では、ボディを鋼板からプレス加工でつくります。プレス加工でボディの形になるのも、金属にのびたり広がったりする性質があるからです。

この他にも、多くの金属製品をつくる際に、このびたり広がったりする性質が使われています。

「鉄棒は磁石につく」ではなく、「鉄の部分が磁石につく」という表現をさせていきましょう。

磁石につかない鉄棒もあります。

11章 ··· 磁石

● これだけは押さえたい

磁石は、金属のうち鉄と引き合うこと（一部の鉄合金とも引き合う）。
磁石には2つの極があること。
同極は退け合い、異極は引き合うこと。
磁石は鉄を磁化して反対の極にして引き合うこと。

● 指導のポイント

金属は磁石と引き合うと思っている子は多いです。そこで、ピカピカする金属でも磁石と引き合わない事例をたくさん見つけることが大切です。そのようなことを通して、「磁石は金属の中から鉄を見つける道具だ」※と初歩的な理解に導きます。

同極は退け合い、異極は引き合います。そのことを活用して、「N極と引き合ったからS極」と考える機会をつくります。

磁石が鉄を磁化することは難しいので、いくつかの実験を組み合わせて理解できるようにします。磁石と磁化された鉄くぎが退け合う実験もあります。

※一部のステンレス（鉄合金）は磁石と引き合いますが、それは教師が理解していればよいことです。また、ニッケルやコバルトも、磁石と引き合いますが、日常では、まず見つかりません。

43

磁石につくもの

磁石につく物とつかない物があることを実験を通して見つけます。
また、材質が大切なことを気付かせます。

時間
1単位
時間

ポイント	準備するもの
◉材質が大切なことを理解させます。 ◉違った材質の物を用意します。	◎棒磁石◎硬貨◎鉄の缶◎アルミニウムの缶等

どんな物が磁石につくのか調べよう	
ついた物	つかなかった物
	ノート

課題を板書します。

　子どもたちに活動を任せたら、「約束事を守っているか」を指導します。教室から出ていないか、ノートに記録をしているか、を見ていきます。基本は、「よくできている子をほめて、まだの子の自覚を促す」です。

　硬貨等金属光沢をもつ物が磁石につかないとわかると、びっくりする子がいます。そんな場合には「よい発見をしたね」とにこやかに対応します。

◆授業展開

1　1人1人に磁石を渡します。自由に触ってよいことを伝えると、いろいろな物を磁石につけようとします。自然なことです。「どんな物が磁石につくのか、調べよう」と課題を提示します。

2　調べた結果は、ノートに「ついた物」「つかなかった物」に分けて記録するように板書して知らせます。
　「教室の中」等と範囲を限定し、「○分まで」と時間を限定して取り組ませます。

3　約束の時間になったら、数名に発表させます。すると、缶が磁石につく方に書かれていたり、つかない方に書かれていた

112

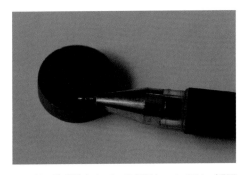

一部に鉄が使われている製品については、疑問点が出されます。その場合には、「ペンはつく」ではなく、「絵を描いて、ペンのここがつく」と記録するようにします。

鉄の缶はつきます。

りすることに気付きます。こうした問題点を、子どもたちに返してあげます。

4 「缶は磁石につくと言ってよいのでしょうか」これは、挙手・発表で、意見を出させていきます。「よい」と言う子もいますが、「缶によって違う」「アルミ缶はダメだけど、スチール缶はよい」という意見も出ます。

そこで、「缶が重要なのではなく、アルミニウムか、スチール（鉄）かが重要なのですね」と視点を与えます。

磁石につく物を調べました。定規や紙はつきませんでした。お金はつくと思ったのですが、全然つきませんでした。金属であっても、磁石につかない物があります。

44 磁石と金属

磁石は強磁性体の物と引き合いますが、この段階では近似的に
「金属の中から鉄を見つける道具」として位置づけます。

時間
1単位
時間

ポイント	準備するもの
◉**材質が大切なことを意識させます。** ◉**いろいろな金属を見せます。**	◎ステンレスのスプーン◎鉄のスプーン◎金属の標本等

百円ショップ等で、磁石で調べながらスプーンを入手します。磁石につかない物とつくものです（安い物の方が磁石につくようです）。

課題を提示する時には、磁石をつけない状態で行います。

※なお、鉄以外にニッケルやコバルトも磁石につきますが、アレルギーが心配されるので、使わないようにします。教師が意図的に探さない限り、それらは身近にありません。ご安心を。

◆授業展開

1 ２種類のスプーンを見せ、金属であることを光り具合（金属光沢）から確かめながら、課題を出します。
「このスプーンは、どちらも磁石につくでしょうか」

2 ノートに自分の考えを書かせます。そしてから発表です。
「スプーンだからつく」
「鉄かわからないので、迷っている」
「スプーンだからつくのではなく、鉄のスプーンだからつく」
「どちらも金属だからつく」

材質に目を向ける意見がみんなに伝わるように、発表された意見をペアで確認し合う等の配慮をします。

金属光沢のはっきり見える物を示します。右から、真鍮、アルミニウム、銅、鉄です。

物の重さ比較セットも、この実験で使えます。

見た目は変わらなくても、磁石で調べればはっきりわかります。

3 話し合いの後、予想変更の機会をとって、実験です。実験は班ごとに行い、自分の手で、「同じスプーンでも、ついたりつかなかったりすること」が納得できるようにします。

4 今度は、いろいろな金属を提示します。光っているからすべて金属だと確認した後、鉄が磁石につくことを見せます。

5 そして、問います。
「金属は、すべて磁石につきますか。つかない物もありますか」
この問いには、すぐに挙手で発表させましょう。「すべてつく」に手を挙げる子もいますが、少なくなっているはずです。

学習のまとめ

いろいろな金属で調べてみると、磁石につくのは鉄だけでした。スプーンが磁石につくのではなく、鉄だからつくのでした。逆に、磁石についたら鉄なのです。

45 磁石で鉄探し

磁石で鉄を探すことにより、金属と鉄の区別ができるようにします。
世の中には鉄があふれていることがわかります。

時間
1単位
時間

ポイント	準備するもの
◉隠れている鉄を見つけ出させます。 ◉金属と鉄の区別を明確にします。 ◉家庭学習でも取り組めます。	◎磁石（人数分）なるべく強い物

鉄のゴミ箱

鉄の火災警報器

※一部が鉄の物は、簡単に絵を描いて「ここが鉄」
　と示します。

　事前に、校舎内の鉄を探して
歩くことを、先生方に知らせて
おきます。

◆授業展開

1　課題提示

「これまでの学習で、磁石は金
属の中から鉄を見つける道具だ
とわかりました。磁石で、学校
内の鉄を探そう」

2　調べる

課題を書いたら、ノートと磁石
を持ち、廊下を通って運動場ま
で行き、調べることにしましょ
う。

　ただし、時計やコンピュータ
ー等、磁石を近づけてはいけな
い物があることを伝えます。

　また、授業中の廊下では、静
かに歩くことを確認します。と

アルミサッシは鉄ではありません。

筆者の学校は、海が近いこともあり、鉄棒といえどもステンレス製でした。ジャングルジムや滑り台も同様でした。しかし、一部鉄がありました。

校内を歩きながら、子どもが報告してきたことは、「よく見つけたね」等と賞讃します。「家でも鉄を探してみようか」と呼びかけ、磁石を持ち帰らせましょう(家に忘れることも想定して、棒磁石1本にとどめておいた方がよいです)。

はいえ、「あっ、これも鉄だ」と言いたくなるのが人情です。廊下には長居はせず、校庭に移動しましょう。

ここで、活動の前に、地面に磁石を置くと物がくっつくので地面につけないように言っておきます(実は、砂鉄は鉄ではないので、砂鉄がつくことをここでは見せたくないのです)。

外の遊具やフェンス等を調べて、教室に戻ります。

③ まとめ

学習のまとめを書く時間(10分程度)を残して、教室内でも鉄探しをさせます。

磁石についてもピカピカしていない物もあります。最後に、けずっても問題のないスチール缶の表面をヤスリがけして、光っているところを見せます。

学習の
まとめ

廊下や校庭、そして教室の中で鉄探しをしました。アルミサッシは鉄ではありませんが、消火栓や黒板は鉄でした。鉄棒は本当に鉄でした。ブランコもジャングルジムも鉄でした。教室のがびょうは鉄、机や椅子にも鉄が使われていました。世の中は、鉄だらけだと思いました。

46 磁石の極

磁石には強く鉄を引きつける極が2つあります。
極によって引きつけたり退け合ったりすることを確かめます。

時間
1単位
時間

ポイント

◉磁石には極があります。
◉異極は引き合い、同極は退け合います。

準備するもの

◎棒磁石◎U型磁石◎クリップ（鉄くぎ）◎方位磁針◎水槽◎棒磁石を水に浮かせる容器

たくさんのクリップは、2カ所に集まります。

水に浮かせた棒磁石は、南北を向きます。浮かせる時には、鉄の容器は避けましょう。N極には主に赤で色がつけてあり、北を向きます。

〈板書〉

S極とS極、S極とN極、N極とN極
（　　　）（　　　）（　　　）

◆授業展開

1 課題提示

「磁石の強さは、どこも同じでしょうか。たくさんのクリップをつけて調べましょう」

2 結果発表

数分後に調べた結果を発表させます。「どこも同じか」に答えるだけでよいので、「同じではない」ということと、どんな実験をしたかをノートに書かせましょう。

「磁石の強いところを極と言います。自由に動くようにすると、南を向くのがS極、北を向くのがN極です」

「2つの磁石の極を近づけた時、引き合うでしょうか。調べてみましょう」

退け合う

引き合う

退け合う

棒磁石の向きを変えると、方位磁針の針も向きを変えます。S極とN極は引き合うからです。

S‐S、S‐N、N‐Nの３通りを試し、ノートに記録するよう、黒板に示します。

「引きつけ合わない、反発する、というのを、退け合うと言います」この言葉は特別で、磁石の実験で使う言葉です。

③　方位磁針で

「方位磁針にも、２つの極があるでしょうか。どんな実験で確かめますか」と、実験方法を問います。挙手した子に発表させるか、教師が説明します。

「置けば南北を向きますね。それ以外にも、棒磁石のS極とN極をくるんと回してみましょう。方位磁針の針はどうなるか、調べてみましょう」

早速試させます。方位磁針の針も、クルンクルンと回ります。これも、同極は退け合い、異極は引き合うためです。

学習の
まとめ

磁石には強いところがあるとわかりました。たくさん鉄を引きつけるところを極と言います。同じ極は退け合い、違う極は引きつけ合いました。方位磁針の針をクルンと回すこともできました。

47

磁石についた鉄も磁石（1）

鉄が磁石と引き合うのは、鉄が磁石になるからです。**47**～**49**の３時間の授業を行うことで、順を追って問題を解決できます。

ポイント	準備するもの
◉**Ｓ極とＮ極が引き合い、同じ極同士は退け合うことを確認しておきます。** ◉**方位磁針のＳ極を退けるように動かせば、Ｓ極であると確認してから実験します。**	◎磁石◎クリップ◎方位磁針

次のようなやりとりを期待しています。
「Ｓ極になっていて、Ｓ極とＮ極だから引き合うのかな。」「なっていないけど、鉄と磁石だから引き合うのかな。」「Ｎ極にくっついたから、Ｎ極になったのかもしれない。」「それはないよ。Ｎ極同士になるから、退け合ってしまうよ。」「ああ、Ｎ極とＮ極は退け合うんだ。」

Ｎ極につけたクリップの端は方位磁針のＮ極と引き合い、鉄だとも、Ｓ極だとも考えられます。

◆授業展開

① 復習

まず、復習をします。同極は退け合い（押し合い）、異極は引き合うことを確認します。

② 課題

磁石にクリップをつけて問いかけます。

「クリップがＮ極につくのは、クリップがＳ極になっているからでしょうか」

できれば、子どもたちの意見を引き出し、討論させたいところです。「本当にＳ極になっているのかな、自信がないな」という子どもたちの「わかっていない」という自覚を引き出せればよしとします。

でも、S極とは退け合いました。

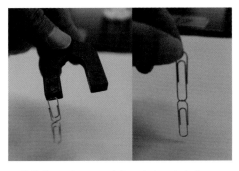

鉄が磁石になってこんなこともできます。

3 検証

　検証法を確認します。クリップの端を方位磁針に近づけて、S極と退け合うかを見ることにします。N極と引き合うだけだと、ただの鉄である可能性も否定できないからです。

　N極にクリップをつけ、そのクリップの端をすぐに方位磁針に近づけます。

　すると、方位磁針のN極とは引き合いますが、S極とは退け合うことが確認できます。

　「磁石についた鉄は磁石になる」と学習していても、極がちゃんとできていることまではこの実験をするまでわからない子がいると思われます。

　さて、磁石にクリップをつけ、それにもう1つクリップがつくか試します。磁石から離してもくっついているかも試します。「鉄が磁石になっているから」と子どもたちが説明するようになります。

やってはいけない

■予備実験なしの授業

　この磁石にこのクリップだからうまくいくということを試してから、筆者はこの実験の写真を撮りました。磁石の強さとのバランスがありますので、あらかじめ試しておきます。

48

磁石についた鉄も磁石（2）

時間
1単位時間

鉄が磁石のN極についたところは、S極になります。
それ以外の部分はどうなっているか、どんな極になっているか考えます。

ポイント	準備するもの
◉N極についたところは、S極になります。 ◉磁化された鉄にも極があることを活用して考えさせます。	◎棒磁石◎クリップまたはくぎ◎方位磁針

2つ目のクリップをゆっくりつけると、子どもたちの目が集中してきます。

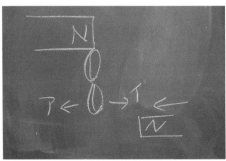

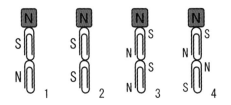

このような図が黒板に書かれて話し合いをすれば、わかりやすくなります。矛盾が指摘されないのは、1、3です。

◆授業展開

棒磁石に2つのクリップをつけて見せます。「磁石になるからつくよ」というつぶやきを期待しています。

1 課題提示

「図のように磁石に2本のクリップを付けます。下のクリップに方位磁針のN極を近づけます。下のクリップは「ア」と「イ」のどちらに動きますか」

ノートに予想とその理由を書かせます。理由は、図で描くとよいことを知らせます。すると、左の図のように極を書き込む子が現れます。

発表する時にも、黒板に図を書きながら発表させるようにしましょう。すると、これまでの

横から下のクリップの、下の方をめがけて磁石を動かしていきます。

クリップは鉄なのに、磁石のN極と退け合います。これは、2つめのクリップの先がN極であることを示します。N極同士は退け合うからです。
ただし、どちらの説が正しいかは、この時間ではわかりません。焦らず、次の時間に研究することにします。

学習を活用し、「同じ極同士がくっついているから変だ」等と、検討されます。

2 話し合い〜検討

話し合っているうちに、1、3を選ぶ子どもが多くなります。そんな時には、「クリップと磁石が退け合うけど、それでいいの？」とゆさぶりをかけ、常識を超えた考えをしていることに気付かせます。科学の論理と常識との対立は、興味を引きます。

3 児童実験

実験する時には、2つのクリップが離れてしまったらやり直しをすることを約束します。

児童実験の結果は「ア」の方向、つまり磁石とクリップが退け合ってしまうという結果になりました。

2つのクリップを磁石につけて横から磁石を近づけると、クリップがN極と退け合いました。鉄なら、磁石と引き合います。でも、この鉄は磁石になり、クリップの先はN極になっていたとわかります。磁石についた鉄は、磁石になったようです。ちゃんと極ができていたので、それがわかります。

49

磁石についた鉄も磁石 （3）

磁石のN極についた鉄はS極になります。では、全体がS極になっているのでしょうか。それを考える学習です。

ポイント	準備するもの
◉N極についた所はS極に、反対側はN極になっている。 ◉磁化された鉄にも極があることを活用して考えさせる。	◎棒磁石◎くぎ（2本：48と同じクリップを使うとうまくいきません。強い磁石と軽いクリップだと、動かないことがあるからです）

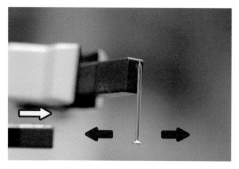

問題場面をゆっくり実演する（結果が出ない程度）と、子どもたちが集中してきます。

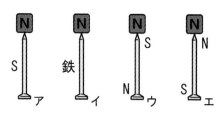

このような図が黒板に書かれて話し合いをすれば、わかりやすくなります。否定されないのは、アとウです。ただし、アも、極が1つなのはどうかと疑問が出されます。

◆授業展開

棒磁石に1本の鉄くぎをつけて見せます。

1 課題提示

「磁石に1本の鉄くぎをつけます。くぎの下の方に磁針のN極を近づけます。くぎはどちらに動きますか」

ノートに予想とその理由を書かせます。理由は、図で描くとよいことを知らせます。すると、図のように極を書き込む子が現れます。前時（48）より、極を書ける子が増えるはずです。

発表する時には、黒板に図を書きながら発表させるようにしましょう。すると、これまでの学習を活用し、「同じ極同士がくっついているから変だ」等と

実験は、横から鉄くぎの下の方をめがけて磁石を動かしていきます。右に動きました。

鉄なのに、磁石のN極と退け合います。

これは、鉄くぎの端がN極であることを示します。N極同士は退け合うからです。

これだけで終わってはもったいないので、磁石のS極に鉄くぎをつけておいて、N極やS極を近づけてみましょう。数分、時間をとっていろいろ試させると、同じ実験を何度も繰り返したり、極を変えて試してみたりして納得するようになります。こうしたことを試す余裕をもたせることもよいでしょう。

※なお、この実験は、くぎが完全に磁石にくっついた状態だとうまくいきません。磁石の強さに見合った鉄くぎや、クリップなら大きめのもので行いましょう。

意見が出されます。

② ゆさぶり

話し合っているうちに、「ア」か「ウ」を選ぶ子どもが多くなります。そんな時には、「鉄くぎに2つの極ができるというけど、それでいいの？」等とゆさぶりをかけ、常識破りの考えをしていることに気付かせます。

③ 児童実験

実験する時には、最初に磁石についていた鉄が離れてしまったらやり直しをすることを約束します。すると、実験の結果は磁石と鉄が退け合うという結果になりました。

④ まとめ

学習のまとめには図を入れさせましょう（板書に図があれば、書くことができます）。

学習の
まとめ

鉄くぎを磁石につけて横から磁石を近づけると、N極と退け合いました。鉄は磁石と引き合いますが、この鉄くぎの端は、図のようにN極になっていたとわかります。磁石についたくぎには、ちゃんと2つの極ができていました。つまり磁石になったのです。

N極は北極星を向くか、北極を向くか

地球は大きな磁石です。それが確認されるまでは「いつも真北にある北極星にN極が引かれているのではないか」という説もありました。

それを確かめましょう。

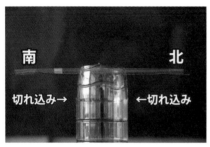

ストローに同じ長さの針金を貼りつけ、真ん中にもう1本の針金をストローと垂直に貼りつけます。この時、ストローに貼りつけた針金が下。支点となる針金はストローの上に貼りつけます。上の部分を切り取ったペットボトルに、ストローが動けるような切れ込みを入れます。そして、写真のように組み合わせます。

すると、ちょうどてんびんのようになります。なお、この時、ストローが南北を向くように置きます。

このてんびんが水平になるように、根

気よく支点を少しずつずらして合わせます（ここまでを子どもに見せる前にやっておきます）。

この装置のてんびんを、磁石のS極で擦ってN極にします。N極は、北極星を向くでしょうか、北極を向くでしょうか。

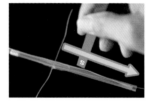

S極で、南に置いた方から北に置いた方に向かって30回ほど擦ります。この磁石は弱くてはだめで、アルニコ磁石等の強い物を使ってください。

再び載せると、N極になった方が下がりました。これが、上にある北極星でなく、N極が北極の近くにあるS極に引かれているという証拠です（伏角）。

126

自分の考えを書く時間がそろそろ終わろうとしているところです。終わった子は姿勢をよくして待っています（人的環境）。

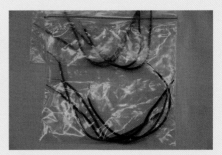

物は小分けにしておくと、短時間で班ごとに配れます（物的環境）。

12章…理科授業の環境づくり

◉指導のポイント

▶ 実験の準備をして、さあ授業。でも、うまくいかないことがあります。実験の準備はしてあるのに、器具を目の前にした子どもたちが、静かにしないので実験に取りかかれないこともあるでしょう。理科は、物を扱わせながら知性的な活動をさせるので、授業のマネージメントは難しいのです。

▶ 子どもたちが目的意識をもって実験するような授業を、日常的に行うにはこつがあります。静かにならない時に、教師が大きな声で注意することもあるでしょう。しかし、その方法しかなかったら、教師は根負けしてしまいます。

▶ そこで、理科授業の物的・人的環境に関係することも盛り込みました。1時間の授業パターン、騒がしくなる時の対応法、理科室の整備、事故の対応、役立つ文献等です。

▶ 授業の受け方を教えても、1度では身に付きません。例えば、自分の考えを書き終えたら何をするか、教えておきます。できた子をほめます。その方針を1年間通します。何度も同じことを繰り返すことで、教師が細かく指示しなくてもできるようになるのです。1度指導してだめでも、諦めずに育てていきましょう。だんだん子どもたちが活発に活動します。

50 静かにならない時に どうするか

子どもが静かにしていない時には、原因別に対応しましょう。
同じ方法がいつも通用するとは限りません。

◉やることを明確にします。
◉こまめに評価します。

よくある話です。
「ほら、うるさい。静かにしなさい」
ザワザワザワ。
「静かにしなさい！」
シーンとするけど、しばらくしたら、またザワザワ。
そうならないように、次のようにします。

○約束事がわからない時

「説明します」
（全体を見回します。）
「素晴らしい。すぐにこちらを向きましたね」
（この時、できた子をほめます。全体はできていないでしょう。）
「今、こちらを向けた人も、素晴らしい。人のよいところを学べました」
（まだ私語をしている人がいたら）
「全員、起立」
（体を動かす指示をします。話を聞いてない子も、周りが起立するのでそれに合

1. 静かにしていない場面を分ける

子どもたちが静かにしない、話を聞いていないと思う場面があります。そうなると、実験の意味がわからなくなります。安全の注意を聞かないと、思わぬ事故につながりかねません。

そこで、いろいろな場合に分けて対応法を考えていきましょう。

2. 約束事がわからない

そもそも、「先生の話は1度で聞くものだ」と考えたこともない子もいます。ですから、その子には1度で聞く、言われたことを質問しないというルールを教えるところから始めます。

実は、静かにするよりも、話

わせます。）

「先生の話を聞く時には、１度で聞き取れるようにします。わかったら、着席」と、ルールを教えます。

〇わかっていてやらない場合

「説明します」
（全体を見回し、聞いていない子を発見したら）
「持っている物を、すべて置きなさい」
（ちゃんと置いているかをチェックします。）
「〇〇さん、持っている物を置きます」
（これで静かになるまで、子どもたちを１人１人見ながら待ちます。）
「今、先生は、途中で説明をやめました。なぜでしょう」
「しゃべっていた人がいたからです」
「そうです。先生が話をする時には、静かに聞きます。そうすることで、授業の能率が上がって、みんなが賢くなります」
「それでは、やり直しましょう。説明します。素晴らしい。みんながさっと注目できました。こうしていくと、実験の時間も長く取れていいですよ」
やり直したら、ほめて定着させます。

〇やることがない場合

活動を始める前に、「終わったら〇〇して待つ」と説明したり、板書に残したりします。静かにさせてもやることがなければ、騒ぐのが自然なのです。

を１度で理解する方が大切です。静かにしていても、意識が向いていない場合もあるので注意が必要です。

それを指導し、常識を身に付けさせてから、「注意」をしていきます。

3. わかっていてやらない

約束事がわかっていても、やらないで話が聞けないことがあります。楽な方に流されるためでしょう。

この時には、基本的に、やり直すことで正しい行動をさせていきます。

その時に、「なぜやり直しになるのか。どんなルールを守っていないのか」を子どもたちに言わせることです。

ルールがわかっていても、「これ位は守らなくても構わないだろう」と思う子どもたちに、みんなで「そうではない」と否定させていきます。

4. やることが不明確な時間

実験が終わった後に騒ぎ出すのは、実験が終わった後にノートに記録するとか、片づけをするとか、やることが不明確だからです。

子どもたちが落ち着く机間巡視の技

教室内を歩く時にも、子どもたちが落ち着く机間巡視の方法があります。
ぜひ習慣化しておきましょう。

◉実態把握、話し合いの指名計画、個別指導ができる机間巡視をします。
◉全体への目配りを忘れないようにします。

1. 机間巡視は規則的に

　課題を提示した後、自分の考えを書かせている時に、教卓でじっとしている先生は少ないでしょう。

　子どもたちに近寄って様子を見に行くのが、普通です。この行為を机間巡視と言います。見て歩くだけではだめで、いろいろ指導していくのだという意味を込めて、机間指導とも言います。私は、あえて机間巡視と言います。

　写真の白衣の教師（私）は、机間巡視してノートを見ています。この机間巡視で私が一番大事にしていることは、規則

◆ノート作業の時

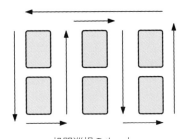

机間巡視のルート

　規則的に歩くことで、全員のノートを見ることができます（実態把握）。

　机間巡視には、実態把握、話し合いの指名計画、個別指導などの役割があります。先生を呼ぶ子に対応するのは、個別指導です。それだけだと、実態把握や指名計画ができなくなります。

　指名計画は、「わかっていない子が多いなあ（実態把握）。

的に歩くことです。なぜかというと、「先生、先生」と呼ぶ子のところに行っていたら、もれなく全員のノートを見ることができないからです。

私だと、どこまで見たか覚えきれないうちに、次々と呼ぶ子に対応する必要が出てくると思います。見落としが出ます。

1班、2班、3班……と巡っていき、また1班にもどるようなルートで行うのが、見逃しなく全員の子どものノートを見ることができます。

2. 見られていることを 意識させる

実験の時の机間巡視は、多少異なることがあります。正しく安全に実験させる必要があるので、勝手気ままな行動を見逃さない工夫が必要です。

そのため、全体を見回すためにあえて机間巡視をやめることもあります。教卓から、1班、2班、3班……と見ていき、また1班にもどるように、目を一定ルートで動かすことは大切です。

実験をしている時でも、机間巡視をしてもよいのです。ただし、大勢に背を向けるような立ち位置を取ってはいけません。理科室を外回りに回るような動き方をすれば、常に背中が外を向きます。

時々、対角線の位置にいる子どもに声をかけます。すると、子どもは、実験の最中も、先生が見ているのだなと思います。「教室全体を見ています」というメッセージです。

それなら、わかりやすい考えをA児、B児に発表させるだけでなく、C児も入れて3人に繰り返させて、D児に補足させよう（指名計画）」というような作戦を考えることです。

◆実験中

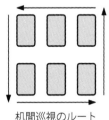

机間巡視のルート

実験中の机間巡視ルートは、左の図のようにします。常に全体が見えるようにします。

左の写真は、痛恨のミスでした。スタンドの調子が悪い班に個別指導をする時、背中を多人数の方に見せてしまいました。

本来なら逆の位置からやって全体を見回せるようにしておくべきでした（授業をビデオで撮ると、こういう反省をすることもできます）。

52 言ってもわからなければ見せる

話の聞けない子も、先生に迷惑をかけたくて騒いでいるわけではないことがあります。
聞きたくても聞けない子には、伝えたいことを見せましょう。

◉ 「押してだめなら引いてみな」の精神で、対応します。
◉ 視覚化は有効です。少しの手間で、子どもも教師も授業に集中できます。

「あの子は、何度言ってもわからない」
「全然話を聞いていない」

　こんなことを言いたくなる子は、どこの学校にもいるものです。

　対応策は、「話が聞けなくても、こちらの意図が伝わればよい」と考えることです。「押してだめなら引いてみな」のようにすることです。「言ってだめなら大きな声でいう」と対応しては、手詰まりになります。こちらの意図が伝わればよいのですから、「言ってもわからなければ伝えたいことを見せる」のです。

　まず、安全のための注意をするとき、黒板に「大切な注意だよ」とわかるカードを貼ってから板書します（「注意」のようなカードをつくっておく）。

 火を消した後，先生が言うまで片づけない

　言うだけでなく、書くことによって見

◆表示をつくる

「そこにある薬さじを持って行きましょう」

　そう言われても行動ができない子がいます。しかし、このような表示がしてあって、中身がその通りになっていれば、行動できるのです。

　見てわかるようにしてあると、聞きたくても聞けない子が積極的に授業に参加しやすくなります。

y

てわかるようになります。特に、安全に関することには、このようなカードと板書を有効活用しましょう。

　さて、筆者の勤務する学校には、21台の顕微鏡があります。実験机は7つあります。そこに5人グループをつくって座っています。顕微鏡を分けるにも、見てわかるように板書します。

班	1	2	3	4	5	6	7
番号	1	2	3	4	5	6	7
	8	9	10	11	12	13	14
	15	16	17	18	19	20	21

　このように板書しておけば、「自分は6班だから、6、13、20の顕微鏡を使えばよいのだな」とわかり、友だちと協力して取りに行けます。

　ガラスが割れたら
　先生に伝える
　静かに行動する

　実験で何かトラブルが起きそうな時、そのトラブルを予期して画用紙に対応法を書いておきます。
　例えば、ガラスが割れたら、私は自分で処理することにしています。その約束事を黒板に貼ってから実験すると、安心できます。
　他のアイディアはありませんか？

　顕微鏡に番号をつけ、片づけるところにも番号をつけておきます。どの班がどの器具を使うのかが明確になるので、混乱が減ります。片づけの場所まで番号をつけておくと、話を聞いていない子でも丁寧に片づけることができるようになります。

　実験用コンロが班の順番に置かれています。下に片づける場所を示す番号がつけてあります。

　視覚化は、重要な用語を定着させるのにも有効です。

53 理科室の整備

授業に集中できるために、と考えて整備しましょう。
整理すれば、準備や片づけの時間の節約になります。

ポイント	準備するもの
◉ 何がどこにあるかを明示します。 ◉ 順番や役割分担のルールを決めやすくします。	◉ ビニールテープ（黄色）◉ 油性ペン

班の番号と座席番号を実験机に貼っておきます。

↑棚にも番号

棚の番号は、片づけの場所を示すためです。

◆番号を書いておく

実験用のテーブルに、班の番号と座席番号を書いておきます。班の番号は、器具の番号と一致させます。

写真は、送風機です。1班の子は1番の送風機を使います。こうすることで、班ごとに器具を大事に使うようになりますし、持ち出したり片づけたりする時の混乱も減ります。

分担も、明確にしましょう。座席番号で、「今日は1番の人が持ってきます」と言えば、スムーズです。

送風機だけでなく、棚にも番号をつけておきます。すると、仕舞う場所もわかって、片づけがスムーズになります。

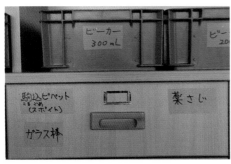

外から見てわかるように表示します。

温度計もまとめて置きます。

虫眼鏡や方位磁針は、教室に持ち出せるようにまとめて収納します。

どこに何があるかがわかることで、探したり片づけすることに時間をとられず、学習内容に集中できます。

収納は、基本的に学年ごとにまとめていきます。そして、どこに何があるかわかるように、できるだけ大きな文字で表示していきます。

温度計や方位磁針、虫眼鏡等は、理科室に取りに行ったときにすぐに持ち出せるようにしておきましょう。

水槽や虫かごも、場所を明示しておきます。

やってはいけない

ラベルは、紙の物を使うと剥がす時に大変です。黄色のビニールテープと油性ペンの組み合わせがよいです。文字だけでわからない子に備え、写真も掲示しておくとよいでしょう。

54 授業づくりのノウハウ

授業のおよその流れを決めておきます。何のためにどうするのか、指導の意図をはっきりさせます。これを例にアレンジしてください。

● 授業の流れを過去の成功例に学ぶことは大切です。先人の工夫を知ることができます。

（1）学習問題－教師が自分で答える

1　時間の学習課題を、教科書通りに出していませんか。教科書の課題はよく練られていて、思いつきで問うより効果があります。しかし、例外もあります。「磁石についた鉄はなぜ他の鉄を引きつけるのか」この問いに、言葉で即答できますか。

このように、授業の前に、赤刷りを見ないで自分で答える、という教材研究をしましょう。

（2）言葉だけの問題提示は避ける

実際に道具を見せながら、具体的に問います。小さい物だったら、実物投影機を使ったり、黒板に図を描いたりしてイメージが湧くようにします。

（3）予想とその理由を書かせる

AかBを選ぶ問題だったら、どちらかに手を挙げるのではありません。「迷っ

【解説】

学習問題は、その時間に教師と子どもが協力して到達する内容（到達目標）が隠されているものです。

左の問題なら、「鉄は磁石によって磁化される」という内容をすべての子どもたちが実感できることを狙っています。でも、その狙いは、順を追って学習しないと達成できないでしょう。そこで、2～3時間に分けて問う手も考えられます。

予想の理由の中に、「こういうしくみや決まりがあるのではないか」というものが出てきま

ている」という予想もあることを教えます。

予想をノートに書かせたら、その理由を書かせます。予想の理由を書くことにより、仮説が立つことがあります。見たことがある、したことがあるという理由は仮説ではありません。でも、理由を書くことは難しいことでもあるので、まずは書く習慣をつけていきます。

前の学習（ノートの前のページを見て）や過去の経験を参考にするよう助言すると、理由の考え方が身に付いてきます。

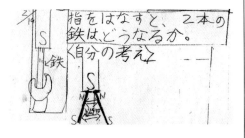

<考えるヒント>
前の学習で役立つことはないか
見たことで役立つことはないか

（4）予想の人数確認

迷っている、A、Bという場合なら、全員に手を挙げさせて、自分がどの立場かを明らかにするようにします。人数を集計し、必ず全員がどこかに入っていることを確認します。

す。それが仮説です。

迷っているという予想の場合は、理由を2つの立場から書かせます。「こうならばA、こう考えるとB」のようにします。

予想とその理由は1人で考えさせます。わからない、書けないという子は、話し合いがすんでから書けるようにと励まします。

左のノートには、鉄の棒に極ができるという仮説が図で書かれています。

話し合いを聞いて予想を変えてもよいので、確実に手を挙げるように伝えます。
全員が参加することについては、毅然と指導します。

（5）話し合い

　まず、迷っている子から、発表させます。

　次に、少数派の自信がない子、多数派の自信がない子の順に発表させていきます。

　この時、聞き手に「向く、うなずく、書く」の３つの「く」を指導します。発表者を向いて聞く、そして反応することです。

　後は、自信のある子に発表と質疑応答をさせていきます。この時、「やったり見たりしたことがある」という意見を経験豊富な子が、「物の重さは、何も増えていない時には変わらない」のように、「こんな決まりがあるのではないか」という仮説を含むことが別な子から出てきます。

（6）人の意見を聞いて

　話し合いを聞いて、自分の意見をもう１度書きます。予想とその理由を書くのです。人の意見を聞いて「○○さんの……という意見に賛成です」のように書かせていきます。最初のうちは、人の意見を聞き取って書くことが難しい子もいます。徐々にできるようになっていきますので、励ましましょう。

（7）実験

　予想の人数確認をもう１度したら、実験です。
どんな実験を行うか明確にし、準備役割、片づけの役割等も明確にして、取り組ませます。

わからない、迷ったと素直に表明できることは、授業づくりや学級づくりで、大変重要です。

　発表者を向いて、うなずくなどの反応をした子を、「発表者を勇気づけている」と賞讃します。

　仮説がみんなに伝わり、どの仮説が正しいのかを検証するために実験しようという気持ちを高めます。

　話し合いの後でも書くチャンスがあるので、最初の予想＋理由のところで、教師が個別に教えるようなことはしなくても大丈夫です。

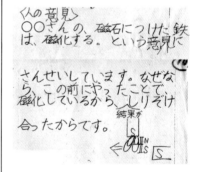

　実験はどの仮説が正しいかを確かめるためのものです。しかし、実験となるととたんに興奮して遊び始めてしまう子もいます。そこで、実験が終わった後の行動まで示して取り組ませる

（8）学習のまとめを書く

　学習のまとめとして、3つのことを書かせていきます。

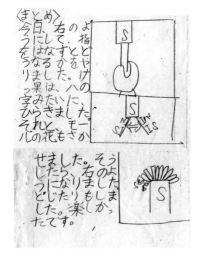

①実験の事実

　実験を行ったこと、観察したことを、日記のように書いていきます。

②その理由

　正しいことが確認された仮説を書きます。話し合いの中で、それが出されていることが、鍵になります。

③ふり返り

　この時間の学習をどう受け止めたかを書きます。「だから何なのよ？ どう思ったのよ？」に答えるように書くようにします。

例　磁石は紙を挟んでも鉄と引き合いました。磁石は触っていない物にも、相手が鉄なら引き合うことができるからです。磁石を持つと、隠れている鉄を見つけることができると思いました。

とよいでしょう。

　やることに曖昧さがあると、遊び始めてしまうからです。

　実験が終わってからノートをまとめ、発表を聞きながら修正するのに10分ほどかかります。

　それを見越した時間配分をしていきましょう。

　写真のノートには、①開いたという実験の事実、②極ができたというその理由、③楽しかったというふり返りが含まれています。

　③まで書けた児童に発表させていきます。その発表と比べて大事なところ（キーワードを教師が示すことがあってもよいです）が抜けてないか確認し、修正しながら仕上げていくようにします。

※この基本的な流れについては、玉田泰太郎著『理科授業の創造』（新生出版　絶版）を参考にしました。
※「3つの『く』」は、土作彰著『絶対に学級崩壊させない！ここ一番の「決めゼリフ』』（78ページ）より

12
理科授業の環境づくり

55 ケガや火傷をした時は

安全に注意していても、ケガや事故は起こります。対応方法を確認しておけば、いざという時に行動できます。

ポイント

児童はケガや火傷をすると、「怒られる」ことを心配します。対応が早ければ、本人の怪我も軽く済み、事故の拡大も防げます。「何か起きたら、すぐに知らせる」を合言葉にします。

○事故発生時の流れ（必要に応じて）

1　本人、周囲の児童から教員に知らせる。

2　他の児童を落ち着かせる。
・実験の中止や教員の応援要請をする。
・児童の応急手当をする。

3　養護教諭と管理職に連絡。
・保健室にて応急手当と医療機関受診の判断をしてもらう。
・保護者への連絡。

4　理科室の現状復帰。
・割れた器具の始末、清掃など。

※管理職にも、何か起きたらすぐ知らせる。
　全部知らせる。

・救急箱を用意する

　絆創膏などが入った救急箱を用意しておきましょう。学期始めに、必要数があるか確認します。

・砂が入ったバケツ

　アルコールランプが倒れて机に炎が広がった時は、濡れた雑巾や砂をかけて空気を遮断して消火します。

・ポリバケツ

　衣服に燃え移った時は、水をバケツに入れて消火します。教師の白衣をかぶせても可です。なお、白衣を着る際は必ずボタンをかけて着ます。

・目洗い器（アイカップ）

　目に薬品やごみが入った時に利用する洗眼容器。水を容器に入れて、その中で瞬きをさせます。目洗い器がなければ、蛇口から水を弱く流しながら眼を洗

○火傷をした時の対応

1 熱による壊死を防ぐため、流水につけて、痛みがとれるまで冷やします。
2 痛みが軽くなったら保健室で処置をしてもらいます。

※養護教諭の判断によっては、痛みが軽くなるまで待ちません。

○ガラス破損による切り傷

　ガラスの断面は鋭利なので出血が多く、水で洗い続けると、出血は止まりません。

1 傷口や周辺を水道水で洗い流します。破片が除去できるようなら、除去します。
2 ガーゼや清潔なハンドタオルで、傷口を押さえて圧迫止血します。
3 保健室で確認後、絆創膏で保護します。

○薬品がついた時

　基本はすぐに水道水で洗い流すことです。

・指や皮膚についた時は、流水で洗い流します。衣服についた時は、着替えさせてから衣服を水につけて洗います。
・目を洗います。
　理科室の水道にはホースがつけてあります。それは、いざという時に弱い流水で、目を洗うことにも使えます。

う方法もありますが、眼球に強い流水を当ててはいけません。

◆保冷剤を冷蔵庫に

　洋菓子やアイスクリームに添えられる保冷剤を理科室の冷蔵庫で冷やしておくと、火傷の処置に使えます（基本は流水で）。

◆ガラスは割れることを想定しておく

　ガラス管をL字に曲げた物を折ってしまい、それで手を切るような怪我をする子もいました。ガラスを使う時には、常に割れる危険を想定しましょう。

・衣服についた薬品は、時間の経過によって、穴があいたりすることもあります。
・強アルカリは危険です。水酸化ナトリウムは皮膚につくと、タンパク質をとかしてぬるぬるします。水で十分に洗い流すか、食酢やクエン酸のような弱酸で洗い、さらに水洗いします。

やってはいけない

思いつきの対応はだめです。左ページの事故発生時の流れを、教卓近くに掲示しておきましょう。

子どもに読ませたい本

学校で学習する基礎科学の素晴らしいを説明する本は、あまり多くありません。
このリストを参考に揃えてください。

◆図書室や学級文庫に置きたい本

○宮内主斗編著『たのしい理科こばなし』1、2（星の環会）1200円＋税

　3、4年生の内容に関する科学の話を集めた本。字も大きいので読みやすい本です。1巻は身近な生物編で、生物の具体的な話が載っていて昆虫や植物を学習しながら読むと興味を引きます。2巻の物理・化学・地学分野も学習して疑問になることを解決するような読み物になっています。

　この『こばなしシリーズ』を読んでいる子には、「この本は、最後まで読む必要はないんだよ。興味をもった話だけ読めばいいんだよ。そのように本の中にも書かれているんだ」とアドバイスします。1冊読み切らなければいけないというプレッシャーを与えないようにします。

○宮内主斗編著『おもしろ理科こばなし』1、2（星の環会）1200円＋税

　3ページ1話の短編集なので、自分の気になるところを読み進めることができます。前掲書より少々難しいですが、理科好きの3年生なら読んでいけます。超能力のような、科学のようで科学でない話も取り上げています。

○左巻建男・野村治編著『新しい理科の教科書3年』1200円＋税

　教科書のように3年生で学習する内容を決め、その内容を読むだけでわかるように意図してつくられた本。俗に、「検定外教科書」といいます。内容豊かな本なので、検定教

科書を読むだけでは物足りない子どもたちも楽しめます。

○江川多喜雄編著『10分で分かる！科学のぎもん３年生（なぜだろうなぜかしら）』（合同出版）800円＋税

　前掲書と似ていますが、なぜという疑問に学校で勉強することを絡めながら答えてくれる本。興味深い問題が並んでいるので、楽しめます。

○板倉聖宣著『足はなんぼん―新版いたずらはかせのかがくの本（いたずらはかせのかがくの本 新版）』（仮説社）2200円＋税

　昆虫の学習と絡めて読みたい本です。学級文庫に置いてもいいのですが、似た内容の授業を予定している人は、それが終わってから置きましょう。世の中にあふれている生き物。実は、足の数で分けると決まりが見えてくるのです。いろいろな事例に、興味が次々にわいてきます。

○板倉聖宣著『地球ってほんとうにまあるいの』（仮説社）1200円＋税

　地球が丸いことを人類はどうやって発見したのか、この本は絵本としてやさしく解説しています。地球が丸いことに反対していた人がいた時代、反対派を説得するには相手に納得してもらえる理由が必要でした。

それがわかりやすく読めます。太陽の動き等の学習にあわせて紹介したい本です。

○江川多喜雄（著）、藤本四郎（イラスト）『紙芝居カマキリのぼうけん（紙芝居だいすき！ちいさないきもの）』（童心社）1900円＋税

　カマキリの一生を紙芝居にしたものです。登場人物が、さまざまなことに出会います。それは、カマキリの観察をすると、納得できるようなことが多いです。

　モンシロチョウの観察を終えたら、これを参考に紙芝居をつくってみるのもよいでしょう。

◆読書の時間を楽しく

　まず、クラスのみんなで静かに取り組むことを指導します。友だちと話すのではなく、本と語り合うよう伝えます。

　次に、個別の目配りです。本が難しいのか、視線が本にいっていない子がいます。そんな子を見つけたら、本を変えることをアドバイスします。興味のない本、難しい本は、進んで読まないのが自然です。図鑑のように絵や写真ばかりの本でも、目くじら立てずに見守ります。

57 教師として読みたい本

教師の授業づくりに役立つ本

○宮内主斗著『理科授業づくり入門（THE教師力ハンドブック）』1800円＋税

どのように理科の授業を充実したものにしていくのか、授業者としてのあり方を学ぶことができる1冊です。予備実験や教材研究の大切さ、子どもの認め方やほめ方、「なぜ」と考えられるような支援の積み上げの方法、理科室の準備まで、理科指導だけでなく、特別支援教育をはじめ、すべての教育活動に活かすことができる支援のあり方がこの1冊に詰まっています。

○宮内主斗著『子どもが育つ5つの原則——特別支援教育の視点を生かして』1700円＋税

子どもとのつながりをつくることに苦慮していることはありませんか。子どもを叱る時はほめるチャンス。ほめて伸ばす支援とはどのようなものか——。特別支援学級担任の経験から見出された5つの原則。理科を専門とされる筆者が特別支援教育

の視点から導き出されたこの原則が、これからのすべての教室での指導をさらに支える指標となることと思います。

○宮内主斗編著、谷川ひろみつ（絵）『クラスがまとまる理科のしごとば　上——授業づくり・学級づくり』2100円＋税

クラスがまとまるにはどうしたらよいのか、楽しい理科の授業をイラスト中心にまとめられています。教卓に子どもを集める際の指示の仕方をはじめ、具体的な事例が載っているため、大変参考になります。

○宮内主斗・関口芳弘編著、谷川ひろみつ（絵）『クラスがまとまる理科のしごとば 下——教材の準備と授業のすすめ方』2100円＋税

3年生から6年生までの理科の授業の具体的な進め方がまとめられています。教材の準備の仕方や観察のポイントなどをイラストと吹き出しで明示してあります。大変効果的な

消化の実験や子どもにわかりやすい金属の性質の学習展開など優れた実践が載っています。

○宮内主斗著『子どもが伸びる5つの原則──特別支援教育の時間軸を使って』1700円＋税

『子どもが育つ5つの原則──特別支援教育の視点を生かして』の続編。3月の姿を見通し4月からどのような指導をしていったらよいのか、具体的なエピソードをもとにわかりやすく紹介されています。「まとめ」「練習問題」「解答例」の形で問いかけられているので、コラムを読み進めながらしっかりとした理解・実践につながることができます。

主に春休み・学年初め・夏休み前の手立てと夏休み後の手立て、運動会や卒業式での手立て、意図的で計画的な一貫した指導が、教師と子どもとの信頼関係につながっていく事例についても具体的に紹介されています。特別支援教育の先生方だけでなく、多くの現場の先生方が学びを求めて集まる筆者のセミナー。その本質が詰まっています。

○宮内主斗著『特別支援教育のノウハウを生かした学級づくり〜叱る前に読む本〜』1800円＋税

「ほめること」の重要性やどんな場面でも役立つ指導技術、こんな子にはどう接したらいい?「できない子」を「できる子」にする授業の組み立て方、「特別な配慮を要する子」にどう対応するかなど現場の先生に役立つノウハウが満載。

○福山憲市著『20代からの教師修業の極意〜「出会いと挑戦」で教師人生が大きく変わる〜』1800円＋税

子どもたちが待ち遠しい授業といわれる授業をしたいと思い、どう教師修業の道を歩み、授業人といわれるまで這い上がっていったのか、57の「出会いと挑戦」の場面、22の「日々の修業の様子」を通して語られています。

○鍵山秀三郎著『掃除道:会社が変わる学校が変わる社会が変わる』514円＋税

掃除の力の大きさを教えてくれる本です。鍵山先生の掃除を実践した企業、学校、地域の実践報告が書かれています。教室や理科室、学校の掃除に取り組むことで授業改善へのヒントが得られるかもしれません。

参考文献

[　] 内は同書を参考文献とした本書の項目番号

[1，2，7-9]
◎宮内主斗・市村慈規編著『授業づくりの教科書　理科実験の教科書3年』さくら社，2012年

[5]
◎小口尚良「1人1匹、不思議をみつけ秘密にせまる」『理科教室』第61巻3号（2018年3月号）

[11]
◎NPO法人チームふくしま（著）半田真仁（文）『ひまわりが咲くたびに"ふくしま"が輝いた！』ごま書房新社，2017年

[15]
◎伊藤 洋 監修『学研の観察図鑑5　野山の草花』学習研究社，1984年

[17]
◎宮内主斗「風やゴムの動き簡単にできる風車」『理科教室』2018年6月号

[第5章扉，19]
◎玉田泰太郎『たのしくわかる　理科5年の授業』あゆみ出版，1978年

[21]
◎宮内主斗「日本一安い万華鏡」『理科の探検』2007年6月号

[第5章コラム，第11章扉]
◎高橋金三郎編著『科学の方法』新生出版，1987年

[29-33]
◎玉田泰太郎『教科の到達目標と指導方法の研究⑤理科編』日本標準，1976年
◎五十嵐寿『理科どう教えるか9　物の重さと体積』新生出版，1981年
◎中村啓次郎『たのしくわかる　理科4年の授業』あゆみ出版，1978年

[34]
◎江川多喜雄『たのしい理科教室　物質をさぐる』毎日新聞社，1976年

[37，38，54]
◎玉田泰太郎『理科授業の創造―物質概念の基礎を教える』新生出版，1978年

[43]
◎小佐野正樹・佐々木 仁・高橋 洋・長江真也『どう変わる どうする 小学校理科 新学習指導要領』本の泉社，2017 年

[48, 49]
◎宮内主斗「磁石にくっついた鉄は磁石になっている＜小 3 ＞」『理科教室』2006 年 1 月号

[50]
◎宮内主斗『特別支援教育のノウハウを生かした学級づくり〜叱る前に読む本〜』星の環会，2019 年

[51]
◎宮内主斗『理科授業づくり入門（THE 教師力ハンドブック）』明治図書出版，2015 年

[52]
◎宮内主斗『子どもが育つ 5 つの原則──特別支援教育の視点を生かして』さくら社，2017 年

[53]
◎宮内主斗編著　谷川ひろみつ（絵）『クラスがまとまる理科のしごとば 上──授業づくり・学級づくり』星の環会，2013 年

[54]
◎玉田泰太郎『理科授業の創造─物質概念の基礎を教える』新生出版，1978 年
◎土作彰『絶対に学級崩壊させない！ ここ一番の「決めゼリフ」』明治図書出版，2013 年

[第 11 章コラム]
◎板倉聖宣編著『発明発見物語全集　4 電気　らしん盤からテレビジョンまで』国土社，1971 年

注：科学教育研究協議会 編『理科教室』は出版者が変遷しています。国土社 (-v. 16, no. 4) → 新生出版 (v. 16, no. 5-44 巻 3 号) → 星の環会 (44 巻 4 号 -50 巻 3 号) →日本標準 (50 巻 4 号 -58 巻 9 号)。以降 2020 年現在は本の泉社。

◆ 編著者・執筆者紹介

[］内は執筆項目番号

編集・執筆代表

宮内 主斗 (みやうちきみと)

茨城県公立小学校教諭

特別支援教育に携わりながら、たのしくわかる理科の授業をどう創るかに興味を持っています。著書に『理科授業づくり入門』（明治図書出版）、『子どもが伸びる5つの原則』『子どもが育つ5つの原則』（さくら社）、編著『特別支援教育のノウハウを生かした学級づくり』『クラスがまとまる理科のしごとば』『おもしろ理科こばなし』（星の環会）、『教科書と一緒に使える小学校理科の実験・観察ナビ』（日本標準）他多数

[7, 17, 第5章扉＋コラム, 19, 21, 37-39, 第11章扉＋コラム, 43-49, 第12章扉, 50-54, 56]

3年編集・執筆代表

平松 大樹 (ひらまつたいき)

北海道公立小学校教諭

公立中学校教員を経て、現職。地域の子ども達に科学の楽しさを感じてもらいたいと思い、地域の科学館での実験教室、科学の祭典への参加、子ども食堂での工作教室などを行っています。GEMS(Great Explorations in Math and Science) リーダー。共著に『図解　身近にあふれる「科学」が3時間でわかる本』(明日香出版社)、『おもしろ理科こばなし』（星の環会）など。

[第2章扉＋コラム, 4 - 6, 第6章扉＋コラム, 22, 23]

執筆者（五十音順）

井上 貫之 （いのうえ かんじ）

理科教育コンサルタント

元青森県公立小・中・高等学校教員、公益財団法人ソニー教育財団評議委員。科学が好きな子どもを育てるために様々な活動をしています。著書に『親子で楽しく星空ウオッチング』（JST）、共著『クラスがまとまる理科のしごとば』（星の環会）、『たのしい理科の小話事典』（東京書籍）、『話したくなる！つかえる物理』『もっと身近にあふれる「科学」が３時間でわかる本』（共に明日香出版）他多数。

［第８章扉＋コラム，27，28］

大谷 雅昭 （おおたに まさあき）

群馬県公立小学校教諭

環境省環境カウンセラー、陸生ホタル生態研究会会員。「まるごと教育」でスイングバイする子どもたちを育てることをモットーとしています。共著『スペシャリスト直伝！＜失敗談から学ぶ＞学級づくり・授業づくり成功の極意』（明治図書出版）、『国語の力　伝統的な言語文化と国語の特質に関する事項』（三省堂）。

［第７章扉＋コラム，25，26，第10章扉＋コラム，36，40-42］

小早川 誠二 （こばやかわ せいじ）

愛媛県公立小学校教諭

学力向上のために ICT の効果的な活用を考えています。子どもたちとプログラミングして作るソフトウェア開発が得意で、学習ソフトウェアコンクールでは過去３回文部科学大臣奨励賞を受賞しています。今は Python 言語を勉強中です。

インターネット利用アドバイザー

［20］

酒井 啓喜 （さかい ひろよし）

長野県公立小学校教諭

信濃教育会理科教育研究委員会・信州理科教育研究会・佐久理科同好会・科学教育研究協議会等に所属し研修を深めています。福島ひまわり里親プロジェクト全国大会にて教育部門の部最優秀賞。長野便教会所属。

［11，57］

高本 英樹 （たかもと ひでき）

岡山県公立小学校教員

子どもの心を成長的マインドセットにし、どの子も仲間とつながって、共に学び合える学級づくりを提唱しています。また，子どもの探求心を最優先した理科の単元づくりや、理科と他教科との横断的カリキュラムづくりについて研究をしています。著書に『荒れはじめに必ず効く！学級立て直しガイド』『いつからでも挽回できる！時期別学級立て直しガイド』（いずれも明治図書出版）他多数。

［10，第３章扉＋コラム，12-16］

中嶋 久 （なかじま ひさし）

元北海道公立小学校教員

科学教育研究協議会ＨＯＨ（函館・渡島・檜山）理科サークル会員。地域にこだわった実践に力を入れてきました。ＨＯＨでの実験教室の他、函館国際科学祭の一環として、科学の祭典、ジオ・フェスティバルの運営にも関わってきました。 共著『道南の自然を歩く』（北海道大学図書刊行会）『理科の学ばせ方・教え方事典』（教育出版）他。ホームページ「渡島半島の自然を訪ねて」（http://nature.blue.coocan.jp/）

［8，9］

野呂 茂樹 (のろ しげき)

青森県板柳町少年少女発明クラブ顧問
元高校理科教員、現在は子ども向けの科学
教室や小中学校への出前授業の講師を楽し
んでいる後期高齢者です。毎月ホームペー
ジ（http://noroshigeki.web.fc2.com）を更新
し、科学工作や科学マジックを紹介していま
す。科学工作は、前回の『理科実験の教科書』
に載せた「月の満ち欠け」「ドラミング・き
つつき」や今回掲載した「地層のでき方」な
どが現場の先生方や児童に好評です。科学マ
ジックは、理科や算数／数学の内容をマジッ
ク風に展開、謎解きがとても盛り上がります。
著書『先生はマジシャン1～3』（連合出版）、
共同執筆は多数。
[第4章扉＋コラム，18，24]

宮内金司 (みやうち きんじ)

茨城県牛久市理科支援員
「楽しく分かる理科」を目指し、工夫を重ね
ながら授業のお手伝いをしています。その中
で地域の自然を観察し記録することを細々と
続け、写真展示やホームページ『いきもの大
好きな子どもたち』で紹介しています（http://
nature.kids.coocan.jp）。著書に分担執筆で『こ
のは № 5 魅せる紅葉』（文一総合出版）、『果
物学』（東海大学出版会）など。
[第1章扉＋コラム，1-3]

八田 敦史 (やつだ あつし)

埼玉県公立小学校教諭
科学教育研究協議会会員
月刊『理科教室』編集委員
公立小学校で理科専科を務める傍ら、埼玉小
学校理科サークルで授業プランづくりや実践
検討を行っています。学ぶことで子どもの世
界が広がる理科授業をめざしています。
[第9章扉＋コラム，29-35]

横須賀 篤 (よこすか あつし)

埼玉県公立小学校教諭
理科全般に興味をもって、教材開発をしてい
ます。独立行政法人国際協力機構（JICA）短
期シニアボランティアとして、南アフリカ共
和国で科学教育支援を経験したり、JAXA の
宇宙教育派遣で、アメリカヒューストンに
行ったりしました。
[55]

授業づくりの教科書

［新版］理科実験の教科書〈3年〉

2012 年 5 月 5 日　初版発行
2020 年 8 月 15 日　新版発行

編著者　宮内主斗・平松大樹
発行者　横山験也
発行所　株式会社さくら社
　　　　〒 101-0051　東京都千代田区神田神保町 2-20 ワカヤギビル 507 号
　　　　TEL：03-6272-6715 ／ FAX：03-6272-6716
　　　　https://www.sakura-sha.jp　郵便振替 00170-2-361913

イラスト　鈴木ほたる
ブックデザイン　佐藤　博　　装画　坂木浩子
印刷・製本　中央精版印刷株式会社

さくら社の理念

● 書籍を通じて優れた教育文化の創造をめざす

　教育とは、学力形成を始めとして才能・能力を伸ばし、目指すべき地点へと導いていくことでしょう。しかし、そこへと導く方法は決して一つではないはずです。多種多様な考え方、やり方の中から、指導者となるみなさんが自分に合った方法を見つけ、実践していくことで、教育文化は豊かになっていきます。さくら社は、書籍を通じてそのお手伝いをしていきたいと考えています。

● 元気で楽しい教育現場を増やすことをめざす

　教育には継続する力も必要です。同時に、継続には前向きな明るさ、楽しさが必要です。先生の明るい笑顔は子どもたちの元気を生みます。子どもたちの元気な笑顔で先生も元気になります。みんなが元気になることで、教育現場は変わります。日本中の教育現場が、元気で楽しい力に満ちたものであるために——さくら社は、書籍を通じて笑顔を増やしていきたいと考えています。

● たくましく豊かな未来へとつなげることをめざす

　教育は、未来をつくるものです。教育が崩れると未来の社会が崩れてしまいます。教育がたくましくなれば、未来もたくましく豊かになります。たくましく豊かな未来を実現するために、教育現場の現在を豊かなものにしていくことが必要です。さくら社は、未来へとつながる教育のための書籍を生み出していきます。